Training mit Felix 4

C. C. Buchner　　　Oldenbourg

Training mit Felix

Herausgegeben von
Clement Utz (Regensburg) und
Andrea Kammerer (Schwabach).

Training mit Felix 4 wurde erarbeitet von
Katharina Börner (Regensburg) und Andreas Rohbogner (Burghausen).

Über weiteres fakultatives Begleitmaterial zu **Latein mit Felix** informiert Sie
C.C. Buchners Verlag · Postfach 1269 · D 96003 Bamberg.

1. Aufl. 1 8 7 6 5 4 3 2 1 2011 10 09 08 07
Die letzte Zahl bedeutet das Jahr dieses Druckes.
Alle Drucke dieser Auflage sind, weil untereinander unverändert, nebeneinander benutzbar.

Dieses Werk folgt der reformierten Rechtschreibung und Zeichensetzung. Ausnahmen bilden Texte,
bei denen künstlerische, philologische oder lizenzrechtliche Gründe einer Änderung entgegenstehen.

© C.C. Buchners Verlag, Bamberg 2007
Das Werk und seine Teile sind urheberrechtlich geschützt. Jede Nutzung in anderen als den gesetzlich
zugelassenen Fällen bedarf der vorherigen schriftlichen Einwilligung des Verlages. Das gilt insbesondere
auch für Vervielfältigungen, Übersetzungen, und Mikroverfilmungen. Hinweis zu § 52 a UrhG:
Weder das Werk noch seine Teile dürfen ohne eine solche Einwilligung eingescannt und in ein Netzwerk
eingestellt werden. Dies gilt auch für Intranets von Schulen und sonstigen Bildungseinrichtungen.

www.ccbuchner.de
www.oldenbourg-schulbuchverlag.de

Lektorat: Bernd Weber
Satz und Gestaltung: Artbox Grafik und Satz GmbH, Bremen
Druck und Bindung: creo Druck & Medienservice GmbH, Bamberg

C.C. Buchner   ISBN   978-3-7661-**5064**-6

Oldenbourg   ISBN   978-3-486-**19774**-7
Oldenbourg   ISBN   978-3-637-**19774**-9 (ab 1.1.2009)

Liebe Schülerinnen und Schüler!

ihr werdet in diesem Trainingsheft eine Reihe längerer Übersetzungstexte vorfinden, in denen ihr sowohl den aktuellen Grammatikstoff einüben als auch die länger zurückliegenden Themen der vorangegangenen Bände **Latein mit Felix 1** bis 3 wiederholen könnt. Dieses Trainingsheft bietet euch also eine „Generalwiederholung" aller Grammatikstoffe des gesamten Unterrichtswerks. Damit wird euch sicherlich ein erfolgreicher Einstieg in die Lektüre gelingen.

Das Trainingsheft bietet dir hierfür verschiedene Möglichkeiten, an die Texte heranzugehen:

Ihr könnt

a) die Texte nur übersetzen oder

b) die Texte zuerst übersetzen und dann die Aufgaben bearbeiten oder

c) (das wäre das Beste) zuerst die Aufgaben bearbeiten und die Texte dann übersetzen.

Viel Erfolg bei der Arbeit mit **Training mit Felix 4** wünschen euch

die Autoren

Zu tief ins Glas geschaut!

Der neureiche Gastgeber, bei dem Echion (vgl. 89 Üf) eingeladen ist, heißt Trimalchio.
Trimalchio will nun seine Gäste mit ausgesuchten Speisen und Getränken beeindrucken, auch musikalische und akrobatische Einlagen versprechen Unterhaltung.
Im weiteren Verlauf jedoch artet das Abendessen zu einem wahren Besäufnis aus und gipfelt in einer weinerlichen Rede Trimalchios, in der er sich rührselige Gedanken über seinen Tod macht. Encolpius, der dem Leser von dieser Einladung erzählt, macht als höflicher Gast bei alledem zunächst mit, ist aber von den Vorgängen alles andere als begeistert; ebenso ergeht es seinem Freund Ascyltus.

I.

Haec ut dixit Trimalchio, sortem omnium mortalium queri et copiosissime flere coepit. Flebat et Fortunata, coniunx eius, flebat et Ascyltus; denique tota familia, tamquam in funus¹ rogata, triclinium² gemitu complevit.
Immo iam coepi etiam ego flere, cum Trimalchio: „Ergo", inquit, „cum sciamus nos
5 morituros esse, quare non ad vivendum parati sumus? Vir quidam cogitandi peritus aliquando haec locutus est: 'Suum cuique'. – Id rectum verumque est: Mihi ipsi vinum et balnea³! Proinde laeti bibamus! Coniciamus nos in balneum, nam bibendo et lavando⁴ denique felices sumus."

¹fūnus, eris n *Begräbnis* – ²triclīnium *Speisezimmer* – ³balneum *Badebecken, Baden*
⁴lavārī *baden*

Anton von Werner: Das Gastmahl. 1877.

Ablativus absolutus – Gerundium – Deponentia
Wiederholung: Indefinitpronomen aliquis, quidam, quisque

Aufgaben zu I.

1. Nicht immer kannst du die deutschen Bedeutungen, die du zu einem lateinischen Wort lernst, anwenden. Überlege, was in Z. 1 mit *copiosissime* gemeint ist, und wähle aus Folgendem das Passende aus:

sehr wortreich – ausgiebigst – (unter Tränenströmen) – in sehr geistreicher Art und Weise.

2. Bilde den Komparativ und den Positiv zu *copiosissime*.

copiosius, copiose

3. Welches Zeitverhältnis findet sich im AcI (Z. 4 f.)? Welche Infinitive markieren die anderen beiden Zeitverhältnisse?

4. Suche die Gerundformen und bilde jeweils den Infinitiv Präsens.

videndum: videre; cogitandi: cogitare; bibendo: bibere; lavando: lavare

5. Suche je ein Beispiel für das Indefinitpronomen, das Personalpronomen und das Demonstrativpronomen.

6. Benenne die Verwendungsweise des Konjunktivs *bibamus* (Z. 7).

II.

Dum haec dicit, servi vasa vini plena ferentes ad hospites aggressi sunt. Ego respiciens ad Ascyltum: „Quid cogitas?", inquam, „Ego enim si videro balneum, statim moriar." „Sequamur illos", ait ille, „et dum illi balneum petunt, nos exeamus!" Cum haec nobis placuissent, ducente aliquo servo occulte ad exitum venire conati sumus; ibi autem canis tanto nos clamore excepit, ut Ascyltus etiam in piscinam[1] caderet. Et ego, quia ebrius[2] eram, in eandem aquam tractus sum, dum Ascylto auxilio venio. Servavit nos tamen quidam homo fortis, qui intercedendo[3] fortiterque agendo et canem placidum fecit et nos ex aqua traxit.

[1] piscīna *Wasserbecken* – [2] ēbrius, a, um *betrunken* – [3] intercēdere *dazwischengehen*

Aufgaben zu II.

1. Übersetze das Participium coniunctum *respiciens* (Z. 1) mit einem Adverbialsatz, mit Präpositionalausdruck, mit Beiordnung.

Adverbialsatz:

Präpositionalausdruck:

Beiordnung:

2. Übersetze den Ablativus absolutus *ducente aliquo servo* (Z. 4) mit Präpositionalausdruck.

3. Wandle das Gerundium *fortiter agendo* (Z. 7) in ein Participium coniunctum um.

4. Suche die Subjunktionen in I und II; ordne sie nach den Sinnrichtungen der Adverbialsätze, die sie einleiten.

III.

Sed facultas egrediendi longe afuit! Custos domus nos vetuit per eandem portam exire, qua inieramus. Quid facere nobis miserrimis necesse fuit?
Ultro ergo rogavimus servum, ut nos ad balneum duceret; et vestibus depositis intravimus balneum – angustum scilicet et cellae frigidariae[1] simile, in quo Trimalchius stabat et:
5 „Nihil melius est", inquit, „quam sine turba lavari."
Sono[2] balnei inductus os ebrium usque ad cameram[3] aperuit et magna voce turpiter cecinit. Ceteri hospites circum balneum manibus iunctis currebant et ingenti clamore stultissima verba faciebant. Alii autem manibus flexis anulos[4] de pavimento[5] tollere conabantur. Nos, dum ludos stultos facimus, in aquam descendimus. Ebrietate[6] hoc modo
10 expulsa in aliud triclinium deducti sumus.

[1]cella frīgidāria *Kühlraum* – [2]sonus *Ton, Klang* – [3]camera *Gewölbe* – [4]ānulus *Ring*
[5]pavīmentum *Boden* – [6]ēbrietās, -ātis *Rausch*

Aufgaben zu III.

1. Ist der *ut*-Satz in Z. 3 ein Adverbial-, ein Subjekt- oder ein Objektsatz?

2. Übersetze den Ablativus absolutus *vestibus depositis* (Z. 3) mit Beiordnung.

Sir Lawrence Alma-Tadema: Die Caracalla-Thermen (Ausschnitt). 19. Jh. Privatsammlung.

3. Eine gleichbedeutende Formulierung zu Z. 5 ist: *Nihil melius est balneo* (vgl. I) *sine turba*. Bestimme den Ablativ *balneo*.

4. Suche die Deponentia in I bis III und gib deren Stammformen an.

5. Sammle für folgende Pronomina je ein Beispiel aus II und III:
Interrogativpronomen, Personalpronomen, Demonstrativpronomen, Relativpronomen, Reflexivpronomen, Indefinitpronomen.

Nimm und lies! – Die Bekehrung des heiligen Augustinus zum christlichen Leben

Wir befinden uns in einem Klassenzimmer um das Jahr 1520:

I.

PAEDAGOGUS: Hodie scriptorem clarum cognoscetis, quo vix quisquam magis religionem Christianam auxit. Is vir etiam „pater ecclesiae[1]" nominatur. Adulescens autem ille moribus corruptis et malis erat, donec Deus
5 ipse eum ad vitam honestam revocaret.

COCLES *(ad amicum)*: Oh, oh, iam scio. Magister nos fabulā, ex qua mores discere debemus, instituere vult. Et tu hanc sententiam novisti: Quidquid id est, timeo Danaos[2] et[3] dona ferentes.

10 PAEDAGOGUS: Tace, stulte! – Scitisne, quo de scriptore locutus sim? Quid sentis, Cocles?

COCLES *tacet*.

PAEDAGOGUS: Quid tu sentis, Hieronyme? Utinam tu quidem nomen eius dicas!

[1]pater ecclēsiae *Kirchenvater* – [2]Danaī, -ōrum *die Danaer ~ die Griechen vor Troja* – [3]et ~ etiam

Der heilige Augustinus. Fresko aus dem 15. Jh. in der Kathedrale von Atri (Italien).

Aufgaben zu I.

1. Z. 1 f.: Die Übersetzung des Relativsatzes hängt von der richtigen Bestimmung des Ablativs *quo* (Z. 1) ab. Welcher Ablativ liegt vor? Welches Wort im Relativsatz dient als Signal?

Verallgemeinernde Relativpronomina
Wiederholung: Hortativ, Jussiv, Irrealis, Optativ, Imperativ, Prohibitiv

2. Welches Satzglied liegt bei *adulescens* (Z. 3) vor?

3. Bestimme die Funktion der Kasus von *moribus corruptis et malis* (Z. 4) und *fabula* (Z. 7).

4. *Quidquid id est ...* (Z. 8 f.): Hier zitiert Cocles einen berühmten Vers aus Vergils Epos „Aeneis". Auf welche *dona* wird hier angespielt? – Tipp: Mit welchem Trick gelang es den Griechen, die Stadt Troja doch noch zu erobern? Was will Cocles mit diesem Zitat andeuten?

5. Bestimme den mit *quo* eingeleiteten Gliedsatz in Z. 10.

6. Bestimme die Funktion des Konjunktivs *dicas* (Z. 14). Welches Signalwort hilft dir bei der Bestimmung?

II.

HIERONYMUS: Doleo, quod respondere non possum. At dicat, quisquis omnia cognovit! Proinde tu ipse, quaeso, nomen eius dicas! Ego si essem tam doctus quam tu, id mihi quoque difficile non esset.

PAEDAGOGUS: Bene dixisti, etsi nullo modo inscientiam[1] tuam probo. Adeamus libros et
5 illud capitulum[2] legamus, quod invenitur in hoc libro, quem Augustinus, ille clarissimus scriptor Christianus, composuit. Cocles, recita[3] verba Augustini!

[1] inscientia *Unwissenheit* – [2] capitulum *Kapitel* – [3] recitāre *vorlesen*

Aufgaben zu II.

1. Wo findet sich ein Beispiel für Hortativ, Jussiv, Imperativ, Optativ, Irrealis?

2. Steigere das Adverb *bene* (Z. 4).

3. Setze den Irrealis (Z. 2 f.) im Lateinischen in die Vergangenheit.

4. Suche in I und II alle Pronomina und ordne sie nach Gruppen.

III.

Quomodo Augustinus conversus est ad vitam piam et honestam

Ego sub quadam arbore iacui et dimisi habenas[1] lacrimis – et ruerunt flumina oculorum meorum; et non quidem his verbis, sed in hac fere sententia dixi Deo: „Quam diu, domine, quam diu mihi irasceris? Ne memor fueris facinorum meorum antiquorum!" Iactabam voces miseras: „Quam diu in doloribus retinebor? Quare hac hora finis eorum dolorum non
5 est? Noli differre salutem meam!" Dicebam haec et flebam tristissimo spiritu.

[1]habēnās dīmittere *m. Dat. freien Lauf lassen*

Aufgaben zu III.

1. In diesem Abschnitt finden sich Formulierungen, deren wörtliche Übersetzung kein gutes Deutsch ergibt: *ruerunt flumina oculorum meorum; iactabam voces miseras*. Überlege dir, was mit diesen Formulierungen jeweils gemeint ist, und wähle aus dem Folgenden die passende Übersetzung aus:

   die Ströme meiner Augen flossen – ich weinte in Strömen – ein Tränenstrom schoss aus meinen Augen – ich warf Worte des Jammers – ich stieß unglückliche Worte aus.

2. Warum steht *iactabam* (Z. 3), nicht *iactavi*, und *dicebam* (Z. 5), nicht *dixi*?

3. Benenne den Ablativ *hac hora* (Z. 4).

4. Suche aus dem Text je ein Beispiel für die zwei Möglichkeiten, im Lateinischen einen verneinten Befehl auszudrücken.

IV.

Repente audivi de domo, quae prope erat, vocem alicuius – nescio, utrum pueri an puellae: „Tolle (et) lege; tolle (et) lege!" Statim mutato vultu cogitare coepi, num liberi in aliquo genere ludendi tale canerent. Sed talia numquam audiveram. Itaque surrexi et cognovi Deum mihi iubere, ut aperirem sacrum codicem¹ et hoc legerem, quod primum invenissem.

¹cōdex, -icis *m Buch*

Aufgaben zu IV.

1. In diesem Abschnitt begegnen dir zwei indirekte Fragesätze. Wo findet sich eine Satzfrage, wo eine Wahlfrage? Welche andere Möglichkeit gibt es, die Satzfrage einzuleiten? Welche zwei anderen Möglichkeiten gibt es, die Wahlfrage zu formulieren?

Weitere Möglichkeiten der Einleitung:

2. Bestimme die Satzgliedfunktion des *ut*-Satzes (Z. 4).

Benimmkurs in der Schule

V.

Celeriter redii in eum locum, ubi codicem deposueram. Sustuli, aperui, legi tacens capitulum¹, quo primum oculi mei tracti sunt:

„Ambulemus honeste, non in comissationibus et ebrietatibus, non in cubilibus et impudicitiis, non in contentione et aemulatione. Sed induite dominum Iesum Christum. Ne provideritis voluptatibus corporis!"

Übersetzung: Lasst uns ehrenhaft leben, ohne Fressen und Saufen, ohne Unzucht und Ausschweifung, ohne Streit und Eifersucht. Legt das neue Gewand an, Jesus Christus, den Herrn. Sorgt nicht für die Vergnügungen des Leibes!

Nec ultra² volui legere, nec opus erat. Statim lux pacis fusa est in cor meum et omnes tenebrae dubitationis³ fugerunt.

¹capitulum: *vgl. FW* – ²ultrā *weiter, länger* – ³dubitātiō, -ōnis f *Zweifel, Ungewissheit*

Aufgaben zu V.

1. Stelle die Komposita von *ire* zusammen.

2. Gib zu den übrigen Verben in Z. 1 den Infinitiv Präsens an.

3. Benenne die Verwendungsweise des Konjunktivs *provideritis* (Z. 7).

4. Vergleiche den lateinischen Bibeltext mit seiner deutschen Übersetzung.
Wo weicht das Deutsche vom Lateinischen ab?

5. Interpretationsfrage: Die Stelle aus dem Römerbrief des Apostels Paulus brachte Augustinus dazu, sein Leben von Grund auf zu ändern. An welchen Stellen des Textes (I bis V) erfährst du von Augustins früherem, unchristlichem Lebenswandel? In welcher seelischen Lage befindet sich Augustin vor seiner Bekehrung?

Aurelius Augustinus wird als Kirchenvater bezeichnet, weil er sehr wichtige christliche Lehrwerke verfasste. Dabei sah es in seiner Jugend keineswegs so aus, als würde er zu einem der einflussreichsten Lehrer der Kirche werden.
Geboren im Jahre 354 in Nordafrika, bereitete er seiner Mutter Monika, einer überzeugten Christin, zunächst große Sorgen und ziemlich viel Verdruss. Er führte ein ausschweifendes Leben und genoss es in vollen Zügen. Weil er damit aber auf Dauer nicht zufrieden war, vielmehr nach einem tieferen Sinn seines Lebens suchte, wandte er sich zunächst einer anderen christlichen Lehre und dann der Philosophie zu.
In Mailand begegnete er schließlich dem Bischof Ambrosius, der ihn 387 taufte; seitdem war Augustinus ein Mann der Kirche. 391 in Nordafrika zum Priester geweiht, gründete er eine klosterähnliche Gemeinschaft. Ein paar Jahre später wurde er selbst zum Bischof gewählt. Weit über die Grenzen seines Bistums hinaus wirkte er in seinen theologischen Schriften. Augustinus starb im Jahre 430.

Mundus Novus – Neue Welt: Dies ist die Bezeichnung des 1492 von Kolumbus entdeckten Kontinents Amerika. Es ist aber auch die Überschrift zu einem berühmten Brief, den Amerigo Vespucci im Jahre 1503 schrieb. Dieser Brief wurde bald veröffentlicht und in verschiedene Sprachen übersetzt – auch ins Lateinische, um ihn überall den Gebildeten dieser Zeit, den Humanisten, zugänglich zu machen.

Vespucci berichtet in dem Schreiben über eine Expedition nach Brasilien, die er im Auftrag des Königs von Portugal unternahm. Man hatte Brasilien bis dahin für eine auf dem Seeweg nach Indien gelegene Insel gehalten. Der Entdecker beschreibt außer den Schwierigkeiten der Seereise auch das Land und die Ureinwohner.

Vespuccis Bedeutung besteht vor allem aber auch in seiner Erkenntnis, dass die Neue Welt ein eigenständiger, ein neuer Kontinent ist. Weil Vespucci diesen Sachverhalt als Erster durchschaut hatte, schlug Martin Waldseemüller im Jahre 1507 vor, den noch namenlosen Kontinent nach Amerigo Vespucci zu benennen: „Nun sind aber die Erdteile umfassender erforscht und ein anderer, vierter Erdteil ist durch AMERICUS VESPUTIUS entdeckt worden. Ich wüsste nicht, warum jemand mit Recht etwas dagegen einwenden könnte, diesen Erdteil nach seinem Entdecker Americus, einem Mann von Einfallsreichtum und klugem Verstand, [...] *America* zu nennen" (*Cosmographiae Introductio*, 1507).

Im selben Jahr ließ Waldseemüller die Segmente eines Globus drucken (vgl. Abb.), die – ausgeschnitten und auf eine Kugel geklebt – ein Bild der Welt nach dem damaligen Kenntnisstand ergaben. Auf dieser Karte erscheint, zum ersten Mal überhaupt, der Name „America".

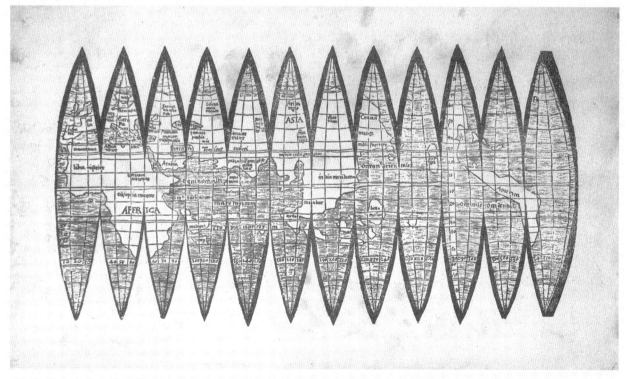

Globensegmente von Waldseemüller, 1507

Konjunktiv im Hauptsatz
Wiederholung: Pronomina *hic, ille, iste ipse, idem, is* – Korrelativa

Westindien – Neue Welt – Amerika

Wir befinden uns wiederum in einem Klassenzimmer in der Zeit um 1520 …

I.

DISCIPULUS: Ecce, magister, mappa¹ mundi², quam domo huc attuli! Pater eam nuper emit. Dixit: „Hae sunt partes globi³, quibus exemplar⁴ mundi facere possumus." Sed unum est, quod non intellego: Cur terra, quae ab omnibus „mundus novus" appellatur, in hac mappa „America" nominatur?

5 PAEDAGOGUS: Rem pulcherrimam nobis attulisti – rem, quae magni est! Spectate hoc exemplar mundi, discipuli. Aliter enim non cognoscatis mundum globum esse, non discum⁵. Libenter autem explicabo, quare plurimi illam terram „Americam" dicant. Nuper Martinus Hylacomylus (vulgo⁶ Martin Waldseemüller), homo doctus, hortatus est, ut illa terra ab Americo Vesputio nomen traheret, quia Americus Vesputius primus perspexisset
10 illam terram novam continentem⁷ esse. Hoc antea nemo intellexerat; omnes putaverunt illam terram a Christophoro Columbo inventam partem Asiae esse.
Vesputius praeterea, cum iterum atque iterum in Americam navigavisset, terram ipsam et animalia et homines eorumque mores descripsit⁸. Cum vos omnes, ut spero, plus cognoscere velitis, illud opus Americi Vesputii, quod casu in bibliotheca mea est, legamus!

¹mappa *Karte* – ²mundus *Welt* – ³globus *(Erd)Kugel* – ⁴exemplar *Abbild, Modell*
⁵discus *Scheibe, Platte* – ⁶vulgō *in der Landessprache* – ⁷continēns, -entis f *Festland, Kontinent*
⁸dēscrībere *beschreiben*

Aufgaben zu I.

1. Verwandle den Relativsatz in Z. 3 ins Aktiv.

2. Bestimme den Genitiv *magni* (Z. 5).

3. Benenne die Verwendungsweise der Konjunktive *cognoscatis* (Z. 6) und *legamus* (Z. 14).

4. Begründe den Konjunktiv *dicant* (Z. 7).

5. Bestimme die Satzgliedfunktion von *primus* (Z. 9).

6. Bestimme die Satzglieder *novam continentem* (Z. 10) und *partem Asiae* (Z. 11).

7. Markiere im Text die geschlossene Wortstellung in Z. 10 f.

8. Bilde zu *plus* (Z. 13) den Positiv und den Superlativ.

9. Welche adverbialen Sinnrichtungen haben die mit *cum* eingeleiteten Gliedsätze?

10. In welchen Bedeutungen kommt *ut* vor? Welche Bedeutungen sind in diesem Abschnitt nicht zu finden?

11. Sammle die Adverbien und unterscheide sie nach ihrer Wortbildungsweise.

II.
Americi Vesputii descriptio[1] Mundi Novi: De hominibus moribusque eorum

Tantam in illis regionibus gentium multitudinem invenimus, quantam nemo enumerare[2] possit. Omnes utriusque generis incedunt nudi, nullam corporis partem tegentes; et ut ex ventre matris prodeunt, sic usque ad mortem vadunt[3].
Corpora habent magna, bene composita ac rubra[4]. Quod eis
5 evenire puto, quia nudi incedentes tingantur[5] a sole. Habent comam[6] amplam atque nigram et faciem pulchram. Quam tamen sibi ipsi corrumpunt. Perforant[7] enim isti genas[8] sibi et labra[9] et nares[10] et aures. Ne credideris foramina[11] illa esse parva aut illos unum tantum habere. Et hic solus mos
10 virorum est. Nam mulieres non perforant sibi faciem, sed aures tantum.

[1]dēscrīptiō, -ōnis *f Beschreibung* – [2]ēnumerāre *zählen, berechnen*
[3]vādere *gehen, schreiten* – [4]ruber, rubra, rubrum *rötlich*
[5]tingere *färben* – [6]coma *Haar* – [7]perforāre *durchbohren*
[8]gena *Wange, Backe* – [9]labrum *Lippe* – [10]nāris, -*is Nase*
[11]forāmen, -inis *n Öffnung, Loch*

Junge Frau vom Stamm der Yanomami aus dem Amazonasgebiet in Brasilien.

Aufgaben zu II.

1. An zwei Stellen begegnet dir der relative Satzanschluss (Z. 4 und 6). In welchem Kasus steht das Relativpronomen jeweils? Welches Satzglied stellt es jeweils dar?

2. Suche die Korrelativa in diesem Abschnitt.

III.

Nec habent res privatas, sed omnia communia sunt; vivunt sine rege, sine imperio. Et sibi ipsi quisque dominus est. Tot uxores habent, quot volunt. Quotiens volunt, (totiens) coniugem dimittunt, et in his nullum servant ordinem. Mulieres, cum nos Christianos convenire poterant, nimia voluptate impulsae omnis pudoris obliviscebantur. Praeterea nullum habent
templum et nullam tenent legem. Quid dicam? Vivunt secundum[1] naturam.

[1]secundum *m. Akk. gemäß, im Einklang mit*

Aufgaben zu III.

1. Suche die Korrelativa in diesem Abschnitt.

2. Welche Bedeutung hat die Subjunktion *cum* (Z. 3)?

3. Suche mindestens ein bedeutungsähnliches Wort im PPP zu *impulsae* (Z. 4).

4. Bestimme die Verwendungsweise des Konjunktivs *dicam* (Z. 5).

IV.

Non sunt inter eos mercatores neque commercium[1]. Populi inter se bella gerunt sine arte, sine ordine. Senes quibusdam orationibus iuvenes flectunt ad id, quod volunt, eosdem ad bella incendunt, in quibus crudeliter se mutuo[2] interficiunt. Et quos ex bello captivos ducunt, non eorum vitae, sed sui victus[3] causa servant. Nam alii alios et victores victos
comedunt[4]. Vivunt annos centum quinquaginta et raro morbo afficiuntur. Et, si quam adversam valetudinem habent, se ipsos quibusdam herbis[5] restituunt. Haec sunt, quae apud illos cognovi.

[1]commercium *Handel* – [2]mūtuō *Adv. gegenseitig* – [3]vīctus, -ūs *Ernährung* – [4]comedere *essen*
[5]herba *Kraut, Pflanze*

Aufgaben zu IV.

1. Bestimme das Satzglied *captivos* (Z. 3).

2. Suche und benenne die vier Pronomina in dem Satz Z. 5 f.

3. Suche je ein Beispiel für ein Substantiv der o-/a-Deklination, der dritten Deklination und der u-Deklination. Bilde dazu jeweils den Nominativ Singular.

4. Suche je ein Beispiel für Verben mit Dehnungsperfekt, Perfekt ohne Stammveränderung, v-Perfekt, s-Perfekt, u-Perfekt.

5. Bilde zu *volunt* (Z. 2) die entsprechende Form von *malle* und *nolle*.

6. Suche im Text Beispiele für das Possessivpronomen und das Demonstrativpronomen. Bilde zu diesen Pronomina die entsprechende Form im Singular bzw. Plural.

Faszination der Forschung

Die Erforschung der Welt und ihrer tieferen Zusammenhänge ist kein Phänomen der Neuzeit. Die Naturwissenschaften haben ihren Ursprung bereits in der griechischen Antike. Die ersten Philosophen, die sog. Vorsokratiker, waren eigentlich Physiker, welche die Natur verstehen wollten und die ersten naturwissenschaftlichen Denkmodelle entwickelten.

Auch der römische Philosoph Seneca hatte großes Interesse an solchen philosophischen Fragestellungen im weiteren Sinne. Daher verfasste er auch eine Naturkunde, die *Naturales Quaestiones*. Darin unterhält er sich mit seinem wissbegierigen jüngeren Freund Lucilius auch über die Faszination der Forschung.

I.

LUCIUS: Philosophi Graecorum maximam rem esse arbitrabantur naturam cognoscere. Et tu, ut video, occupatus[1] es in natura investiganda[2].

SENECA: Ita est. Naturam non video ut plurimi, sed occulta secreta[3] eius investigare cupio. Disco, qualis materia universi[4] sit, quis sit auctor et custos mundi[5], quid sit deus, num
5 deus ad nos respiciat et nobis provideat.
Spectamus varias vias siderum[6]: Observamus[7], ubi quaeque stella[8] oriatur, ubi culmen[9] eius cursus sit, ubi stella descendat.
Cognoscere cupimus, certusne ordo omnibus rebus insit et variae res ita coniunctae[10] sint, ut res prior[11] sit causa aliarum rerum.

[1]occupātus *(in m. Akk.) beschäftigt mit* – [2]investīgāre *erforschen* – [3]sēcrētum *Geheimnis* – [4]ūniversum *Weltall* – [5]mundus *Welt(all)* – [6]sīdus, -eris n *Stern, Gestirn* – [7]observāre *beobachten* – [8]stella *Stern* – [9]culmen, -inis n *höchster Punkt, Zenit* – [10]coniūnctus, a, um *verbunden* – [11]prior *früher, vorhergehend*

Der griechische Mathematiker Euklid und – rechts von ihm mit Globus – der Mathematiker, Astronom und Geograf Ptolemaios. Ausschnitt aus Raffaels „Schule von Athen". 1508-11. Rom, Vatikanische Museen.

Attributives Gerundiv
Wiederholung: Dativ des Besitzers, des Vorteils, des Zwecks

Aufgaben zu I.

1. Welche adverbialen Gliedsätze leitet die Subjunktion *ut* ein?

2. Wo begegnen Wortfragen, wo Satzfragen? Beweise, dass es sich um abhängige Fragesätze handelt. Stelle die Fragewörter zusammen und sammle weitere Fragewörter, ggf. aus dem Gesamtwortschatz.

3. Bestimme den Dativ *nobis* (Z. 5).

4. Suche die Deponentien und gib deren Stammformen an.

5. Erkläre folgende Fremdwörter: *Observatorium, investigativer Journalismus, Kulminationspunkt, interstellare Raumfahrt.*

Die Schule besuchen – sinnvoll oder nicht?

II.

LUCIUS: Studium naturae tibi cordi esse video. Certe arbitraris summum bonum esse naturam investigare.

SENECA: Nisi ad naturam investigandam admitterer, vita mihi inanis esset. Quae res enim mihi tum gaudio esset?

5 LUCIUS: Sed quid tibi ista investigatio[1] materiae prodest?

SENECA: Certe haec investigatio usui est, sed gaudium cognoscendi pulchrius est utilitate[2] et omni praemio. Non investigamus, quia investigatione utilitatem augere, sed secreta[3] naturae cognoscere volumus. Quid enim maius est quam novisse naturam? Cum cognoscendi cupiditate moti naturam rerum comprehendimus, nobis summum gaudium
10 paramus.

[1] investīgātiō, -ōnis f *Erforschung* – [2] ūtilitās, -ātis f *Nutzen* – [3] sēcrētum *Geheimnis*

Aufgaben zu II.

1. Suche Beispiele für den Dativ des Zwecks. Stelle weitere Wortverbindungen mit dem Dativ des Zwecks zusammen.

2. Stelle die Komposita von *esse* zusammen (vgl. auch I).

3. Bestimme die Verwendungsweise des Konjunktivs in Z. 3.

4. Bestimme die Ablative *utilitate, praemio* (Z. 6 f.) und *investigatione* (Z. 7).

5. Suche die nd-Formen in I und II und unterscheide dabei Gerundium und Gerundiv.

Gerundium: ....

Gerundivum: ....

6. Wo findest du eine AcI-Konstruktion in I und II?

....

Fünf Konstruktionen – eine Bedeutung!

Benenne die Konstruktionen. Welche der fünf Konstruktionen weist ein anderes Zeitverhältnis und damit eine veränderte Bedeutung auf?

a) Naturam investigando
b) Naturam investigantes
c) Cum naturam investigamus, nobis summum gaudium paramus.
d) Naturā investigandā
e) Naturā investigatā

Anderes Zeitverhältnis: ....

Was kommt nach dem Abitur?

Zu dem anerkannten Redner und Juristen Marcus Tullius Cicero kommt Marcus, ein junger Römer von 17 Jahren, der sich für ein Jura-Studium und die Laufbahn eines Rechtsanwalts interessiert. Cicero betätigt sich als Berufsberater.

I.

MARCUS: Iurisprudentia[1] mihi placet; tamen me timore afficit; nam, ut credo, difficillimum est leges proditas discere, causas agere, actiones habere.

CICERO: Certe cognitio iuris[2] res magna et difficilis est. Tamen utilitas[3] eius rei homines impellit, ut laborem discendi suscipiant.

MARCUS: Quid est maximum officium eorum, qui iuris periti sunt?

CICERO: Eorum est ius conservare et iustitiam colere in omnibus rebus, quae ad cives pertinent.

[1] iūrisprūdentia *Rechtswesen*
[2] cognitiō iūris *gerichtliche Untersuchung*
[3] ūtilitās *Nutzen*

Die Allegorie der Gerechtigkeit. Marmorskulptur am Eingang zum Senatsbereich des Hamburger Rathauses. 1897

Aufgaben zu I.

1. Bestimme in dem Satz in Z. 6 f. die Satzgliedfunktion von *magna* und *difficilis*.

2. Welche nd-Form liegt bei *discendi* (Z. 9) vor?

Prädikatives Gerundiv – Dativus auctoris
Wiederholung: Akkusativ der Richtung, der zeitlichen Ausdehnung – Orts- und Zeitangaben

3. Übersetze *iuris periti* (Z. 11) mit einem zusammengesetzten deutschen Wort.

4. Welche Adjektive werden wie *peritus* mit dem Genitiv konstruiert? Unterstreiche diese und übersetze alle: *ignarus – acerbus – diligens – cupidus – indignus – memor – nimius – gratus – plenus – exter – dignus*.

Welche dieser Adjektive werden mit dem Ablativ konstruiert?

Konstruktion mit Ablativ:

5. Bestimme den Genitiv *eorum* (Z. 12).

6. Gib die Stammformen zu *discere, agere, impellere, suscipere, colere* an.

II.

Marcus hat davon gehört, dass ein Jurastudium hohe Anforderungen an das logische Denken stellt. Er will nun von Cicero wissen, ob das stimmt.

CICERO: Recte suspicaris. In causis agendis semper nobis definiendum¹ est, de quo agatur: Omnia definitionibus² explicanda sunt. Definitione enim breviter explicamus, quod sit proprium³ eius rei, quam definire volumus.
MARCUS: Ergo viro iuris perito diligenter cogitandum est. Nonne is etiam orator perfectus
5 esse debet?
CICERO: Certe. Non sit aliqui clamator⁴! Iuris peritus arte dicendi scelus hominis nocentis⁵ persequatur, innocentem⁶ autem a poena iudiciorum liberet!
MARCUS: Qua auctoritate utuntur homines iuris periti?
CICERO: Eis multum honoris, gratiae, dignitatis est. Quis hoc ignorat? In nostra civitate
10 omnes, qui sunt iuris periti, viri gravissimi et clarissimi sunt.

¹dēfīnīre *näher bestimmen* – ²dēfīnītiō, -ōnis: *vgl. Fw.* – ³proprium *charakteristisches Merkmal*
⁴clāmātor: *zu* clāmāre – ⁵nocēns, -ntis *hier: schuldig* – ⁶in-nocēns

Aufgaben zu II.

1. Suche die Gerundive, bei denen der Dativus auctoris steht, und überlege, ob sie persönlich oder unpersönlich konstruiert sind.

2. Wo finden sich Jussive?

3. Wie lässt sich *utuntur* (Z. 8) treffend übersetzen? Schlage im Wortschatz nach!

4. Bestimme den Dativ *eis* (Z. 9).

5. Bestimme die Genitive *honoris, gratiae, dignitatis* (Z. 9).

6. Wo finden sich rhetorische Fragen?

Orts- und Zeitangaben

Unterscheide die Orts- von den Zeitangaben. Überlege dir jeweils die passende Frage. *(Wann? Wie lange? Wo? Wohin? Woher?)*

domi – multas horas – hoc tempore – Athenis – multos menses – Corinthum – domo – toto imperio – Romae – in castris – multis locis – primo mense – sero – media nocte – terra marique – illic – dies noctesque – foris – sub mensam – quarto quoque anno – postero die – sub monte – media in fronte – interea – foras – illuc – extra castra – hinc – ruri – antea – eo – inde – in castra – extra castra – huc

Wann?

Wie lange?

Wo?

Wohin?

Woher?

Jesus contra Jupiter

I. Christ und Soldat – (k)ein Konfliktfall

Diokletians Mitkaiser Maximian zog 285 n. Chr. nach Gallien. Bei Acaunus (heute St. Maurice) befahl er einer Einheit christlicher Soldaten, auch selbst Christenverfolgungen durchzuführen:

Sub Maximiano multos homines, qui religionem Christianam sequerentur, interfectos esse cognovimus. Nam idem Maximianus crudelitate impulsus Christianos ita oderat, ut religionem eorum vi atque armis exstinguere vellet.
Erat eodem tempore in exercitu legio militum, qui Thebaei¹ appellabantur: Hi viri ut virtu-
5 tem imperatori, ita Christo devotionem² praestare consueverant. Cum etiam milites religionis praeceptis meminissent, reddebant, quae Dei erant, Deo et, quae imperatoris, imperatori. Itaque, cum etiam hi, sicut ceteri militum, ad interficiendos Christianos eligerentur, huius modi praeceptis se parere posse negant. Maximianus cum Thebaeorum verba cognovisset, decimum quemque ex eadem legione gladio occidi iubet. Post edicit³, ut reliqui, qui impe-
10 ria neglegerent, ad Christianos insequendos cogantur. Universi autem, qui praesentes erant, edunt se numquam haec facturos esse. Maximianus cum Christianos deo potius parere quam sibi cognovisset, omnes supplicium subire decrevit.

¹Thebaeī *die Thebäer*
²dēvōtiō, ōnis *Ergebenheit, Ehrerbietung*
³ē-dīcere *anordnen*

Die Dezimierung der Thebäischen Legion. Mittelalterlicher Holzschnitt.

Aufgaben zu I.

1. Mit welchen Worten wird Maximian vom Autor direkt kritisiert? Wie wird diese Charakterisierung auch an seiner Handlungsweise deutlich?

Perfektopräsentien – Obliquer Konjunktiv (1)
Wiederholung: capere und Komposita – Konjunktionen – Fragesätze – Ortsangaben

2. Bestimme und übersetze:

a) *odistis*		i) *nocuerunt*	
b) *adestis*		j) *nocerent*	
c) *aderant*		k) *meministi*	
d) *oderant*		l) *meminisse*	
e) *noverunt*		m) *consecutus*	
f) *noscunt*		n) *constitutum*	
g) *novit*		o) *consuevimus*	
h) *novis*		p) *consuescimus*	

3. Übersetze ein berühmtes Zitat aus Vergils „Aeneis". Wer wird angesprochen? Wie ist die im Text formulierte Aufforderung zu verstehen?

... Romane, memento[1] ... parcere subiectis et debellare[2] superbos.

[1] mementō *denk daran* – [2] dēbellāre ~ vindicāre in

4. Erläutere kurz die unterschiedliche Verwendungsweise der Modi in den Relativsätzen des Textes.

5. Wiederhole die Stammformen und die Bedeutung des Verbs *capere* und seiner bisher gelernten Komposita:

a) *capere*	
b) *decipere*	
c) *excipere*	
d) *incipere*	
e) *praecipere*	
f) *suscipere*	

II. Hominem te esse memento[1]!

Agesilaus[2] consueverat monere milites suos, ne captivos odissent; immo poposcit, ut eis consulerent. Liberis etiam in bello captis providit, ut in unum locum conducerentur, ne mutatis castris relicti perirent. Rex etiam curavit, ne senes, qui sequi non possent, a canibus aut lupis[3] necarentur. Hanc humanitatem non solum alii, sed etiam captivi mirati sunt.

[1] mementō *(Imperativ zu* meminisse) *denk daran* – [2] Agēsilāus: *Agesilaos (König von Sparta)* – [3] lupus *Wolf*

Aufgaben zu II.

1. In welchem inhaltlichen Zusammenhang stehen die Überschrift und der Text?

2. Bilde Tempusreihen:

a)	odisti
b)	consuevi
c)	meministis
d)	noverunt

3. Das Gegenteil ist der Fall …
Ersetze *amare* durch *odisse* und *ignorare* durch *cognovisse*:

a) amo		f) amabitis	
b) ignorant		g) ignorent	
c) amabit		h) ignorarem	
d) amabamus		i) amares	
e) ignoras		j) ignorabo	

4. Wie lauten die adjektivischen „Verwandten" zu folgenden Substantiven?

a) aurum		d) diligentia	
b) cupiditas		e) divitiae	
c) dignitas		f) facultas	

g) *familia*		l) *magnitudo*	
h) *gratia*		m) *nobilitas*	
i) *honor*		n) *pietas*	
j) *humanitas*		o) *sapientia*	
k) *libertas*		p) *varietas*	

5. Gib die Wortart und Bedeutung von *captivus* (Z. 1 / Z. 4) an. Welche weitere Wortart und Bedeutung kennst du? Gib auch die entsprechenden Bedeutungen von *familiaris* und *propinquus* an.

6. Wiederhole alle den Satz gliedernden Verbindungen:

a) *aut ... aut*	d) *nec ... nec*
b) *et ... et*	e) *non modo ... sed etiam*
c) *modo ... modo*	f) *non solum ... sed etiam*

7. Welche Konstruktion liegt in *liberis ... captis* (Z. 2) vor? Suche ein weiteres Beispiel im Übersetzungstext.

8. Für ein besseres Zusammenleben!

a) *Nonnulli nostrum belli cuiusdam crudelis ante multos annos gesti bene meminerunt.*

b) *Alii alios hostes putare consueverant, quia genere se differebant.*

c) *Etiam temporibus nostris homines alienos oderunt.*

d) *Multi alios odisse desinerent, si eos bene novissent.*

III. Eine treffende Antwort

Der gefürchtete Tyrann Dionysios kann es nicht fassen, dass eine alte Frau täglich für sein Leben betet:

Quod ubi Dionysius cognovit, mulierem arcessivit et: „Quin me", inquit, „odisti? Dicunt me hominem pessimum esse, quod omnes parvi aestimare consueverim. Qua de causa, quaeso, hoc facis?" Tum illa sic locuta est: „Certe memini nos iam duos habuisse tyrannos. Nunc te habemus tertium dominum, qui crudelior es quam
5 superiores. Opto, ne crudelior in locum tuum succedat." Tantam audaciam Dionysius punire non potuit.

Aufgaben zu III.

1. Erkläre mit eigenen Worten, was der Grund für die Gebete der Frau ist.

2. Stelle alle Vokabeln zusammen, die zu den Wortfeldern „Frau" und „Mann" gehören und erläutere die Bedeutungsunterschiede innerhalb der beiden Gruppen.

3. Wiederhole alle bisher gelernten Wörter und Wendungen, die (direkte und indirekte) Fragen einleiten können:

an	quando	quin
cur	quantus	quis
-ne	quare	quisnam
nonne	quemadmodum	quo
num	qui	quot
qua	qua de causa	quotiens
qualis	quid	ubi
quamobrem	quidnam	

4. Mache die beiden direkten Fragen des Textes von *Ex te quaero* ... abhängig.

5. Übersetze:

a) *Audisne fabulam?*

b) *Nonne illa mulier verum dicit?*

c) *Num illa mulier tyrannum amat?*

IV. Zwei alte Bekannte

Über den Philosophen Diogenes und den Feldherrn Alexander werden viele Anekdoten erzählt.
In der vorliegenden Begegnung geht es um das Überleben einer Stadt:

Alexander omnia oppida delere consueverat, quae voluntati eius non parerent.
Etiam Lampsaci[1] homines timuerunt, ne Alexander illud oppidum, cui usque ad id
tempus pepercisset, deleret. Sed incolae Lampsaci meminerant Alexandrum Diogeni[2]
philosopho, qui tum apud eos esset, favere[3].
5 Qui promisit se hominibus auxilio venire
posse. Alexander autem Diogenem videns
dixit: „Quidquid a me petiveris, tibi negabo."
Diogenes verbis acribus minime territus:
„Oro te", inquit, „ut Lampsacum ❓ !"

[1]Lampsacum, ī *Lampsacus (griech. Stadt am Hellespont);*
 Lampsacī: *in Lampsacus*
[2]Diogenēs, is m *Diogenes (kynischer Philosoph aus dem
 4. Jh. v. Chr.)*
[3]favēre, faveō *gewogen sein*

*Giovanni Battista Langetti: Diogenes und
Alexander. 17. Jh. Venedig, Fondazione Querini
Stampalia.*

Aufgaben zu IV.

1. Der letzte Satz der Geschichte lautet: *Sic Alexander oppidum non delevit.*
Worum wird Diogenes Alexander gebeten haben? Vielleicht kannst du die fehlende
Verbform in Z. 9 auf Lateinisch formulieren!

2. An welchen Stellen des Textes liegt ein obliquer Konjunktiv vor?

3. Eine der folgenden Formen fällt wegen ihrer Betonung aus der Reihe. Welche ist es? Gib außerdem die Infinitive und Stammformen der Verben an.

a) *quaesitum*	
b) *petitum*	
c) *auditum*	
d) *cognitum*	
e) *decretum*	

4. Übersetze die dir bekannten Ortsangaben *Romā, Romae und Romam* und gib die entsprechende Frage an. Wie ist die Kasusendung von *Lampsaci* (Z. 2) zu erklären?

5. Wiederhole die Regeln zur Bildung der Ortsangaben, setze den in Klammern stehenden geografischen Begriff in den korrekten Kasus und übersetze:

a) *(Aegyptus) venire*

b) *(Athenae) manere*

c) *(Graecia) proficisci*

d) *(Sicilia) currere*

e) *(Saguntum) properare*

f) *(Britannia) vivere*

g) *(Pompei, orum) proficisci*

h) *(Delus, i) versari*

I. Eine teuflische Wette

Wer heute in die ehemalige Römerstadt Regensburg kommt, sollte es nicht versäumen, zwei ihrer bedeutendsten Sehenswürdigkeiten zu besuchen: die Steinerne Brücke und den Dom zu St. Peter. Im Zusammenhang mit deren Entstehung existiert folgende Anekdote:

Inter duos architectos[1] pontis ec ecclesiae[2] certamen fiebat. Uterque enim se primum finem operis facturum esse contendit. Praeterea ambo decreverunt eum, qui opus non primum conficere posset, asino[3] per oppidum vehi[4] debere. Architectus pontis, cum se sua sponte vincere non posse cognovisset, diabolum[5] petivit, ut sibi auxilio veniret. Qui auxilium
5 promisit. „Te adiuvabo", inquit, „si mihi sacra facies. Da mihi prima tria animalia, quae pontem tuam transeunt!"
Paulo post factum est, ut pons primus factus sit. Architectus ecclesiae autem, cum se superatum esse congnovisset, unam turrium minorum ecclesiae ascendit et praecipitavit[6]. Quo facto diabolus praemium auxilii postulavit. Architectus pontis autem unum canem et
10 duos anseres[7] pontem transeundos curavit, ut homines pontem incolumes intrare possent. Tribus animalibus captis diabolus in fluctus rediit. Multi dicunt illos vertices[8], quos adhuc in flumine videre possitis, a diabolo dolo decepto factos esse.

[1] architectus *Baumeister*
[2] ecclēsia *Kirche*
[3] asinus *Esel*
[4] vehī, vehor *sich fortbewegen;* asinō vehī *auf dem Esel reiten*
[5] diabolus *Teufel*
[6] praecipitāre *sich herabstürzen*
[7] ānser, eris *m Gans*
[8] vertex, verticis *m Strudel*

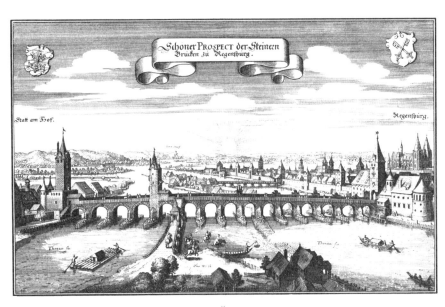

Kupferstich von Matthäus Merian d. Ä. aus der Topographiae Germaniae von 1644.

Aufgaben zu I.

1. Am Regensburger Dom befindet sich ein kleiner Turm, der Eselsturm genannt wird. Eine der Erklärungen dafür kannst du aus der Geschichte ableiten.

Verben: *fieri* – Wiederholung: *facere* und Komposita – Römische Zahlen – Pronomina – drei-, zwei- und einendige Adjektive – Verben mit Dativobjekt

Wie viel ist ein Mensch wert?

2. Bilde sinnvolle Sätze mit der Wendung *fieri e(x)* („gemacht werden aus") und übersetze sie:

Vinum	fit	e(x)	frumentum.
Ornamentum	fiunt		fructus.
Vasa			ferrum.
Gladius			aurum.
Panis *(Brot)*			argentum.

3. Zwei finite Verbformen des Textes können für je zwei verschiedene Tempora stehen. Finde und bestimme sie.

4. Nenne zu den folgenden Verbformen den Infinitiv und alle Stammformen.

a) *cognosceret*	
b) *petivit*	
c) *promisit*	
d) *transeunt*	
e) *factus sit*	

5. Markiere alle AcI-Konstruktionen des Textes. Nenne jeweils den Akkusativ und den zugehörigen Infinitiv.

6. Die lateinischen Namen der folgenden Tiere hast du schon gelernt:

7. Wiederhole die Bedeutung des Verbs *facere* und seiner Komposita:

a) *facere*	
b) *afficere*	
c) *deficere*	
d) *efficere*	
e) *interficere*	
f) *perficere*	

II. Ein ungewöhnliches „Kirchenschiff"

Der heilige Jacobus gilt als Schutzpatron der Seeleute. Dass dies so ist, wird in beeindruckender Art und Weise in der Lübecker Jakobikirche deutlich.

Qui fit, ut media in ecclesia[1] navicula[2] posita sit? Navicula monumentum est magnae calamitatis, quam nonnulli incolae adhuc meminerunt:
Ante centum annos navis facta est, in qua nautae in terras longinquas[3] proficiscebantur, ut merces[4] peterent. Aliquando navis in mare tempestatibus saevis iactabatur. Magister navis
5 tametsi peritissimus erat navigandi, ventis vehementibus undique altis resistere non potuit. Ita factum est, ut navis aqua mersa sit[5]. Paene omnes nautae perierunt. Eos enim fluctibus ingentibus captos vires defecerunt. Solum una e naviculis, quae in nave fixae nautis saluti erant, restitit. Qua paucos nautas e periculo servatos incolumes redisse scimus. Quo facto ea navicula tempestate paulum laesa in ecclesia collocata est, ut semper memo-
10 ria tenerentur omnes nautae, qui vitam amisissent. Quorum propinqui magno dolore affecti adhuc veniunt, ut coronas ad navem deponant mortuisque honorem tribuant.

[1]ecclēsia *Kirche* – [2]nāvicula *kleines Boot* – [3]longinquus *weit (entfernt)* – [4]merx, mercis f *Ware* – [5]mergere, mergō, mersī, mersum *versenken, Passiv: (ver)sinken*

Aufgaben zu II.

1. Was versteht man eigentlich unter einem Kirchenschiff?

2. Stelle alle dir bisher bekannten Wörter zum Wortfeld „Seefahrt" zusammen.

3. Erkläre den Konjunktiv in *amisissent* (Z. 10).

4. Welche Sinnrichtung bringt *tametsi* (Z. 5) zum Ausdruck? Nenne weitere Subjunktionen, die an dieser Textstelle stehen könnten. In welchen Fällen würde sich der Modus ändern?

Wie viel ist ein Mensch wert?

5. Welche beiden Infinitive können der Form *restitit* (Z. 8) zugrunde liegen?

6. Wiederhole die römischen Zahlen (L 46) und gib die in den deutschen Sätzen markierten Zahlen lateinisch an:

Das im Text beschriebene Schiff hieß „Pamir" und war **115** Meter lang und ca. **14** Meter breit. Die Höhe der **4** Masten reichte über Wasser bis **56** Meter. Die Fläche der Segel betrug **4600** qm. Bei dem geschilderten Schiffsunglück im Jahre **1957** konnten sich von **86** Besatzungsmitgliedern nur **6** retten.

Pamir-Gedenkstätte in der Lübecker Jakobikirche: Das Wrack eines Rettungsbootes des Segelschulschiffes „Pamir", gesunken 1957 während eines Orkans im Atlantik.

III. Warum gibt es Nikolaus-Geschenke?

Der Bischof Nikolaus ist vielen gut bekannt. Denn an seinem Namenstag, dem 6. Dezember, ist es üblich, die Kinder mit Naschereien oder kleinen Gaben zu beschenken. Aus folgender Legende könnte dieser Brauch entstanden sein:

Scriptores tradunt Nicolaum[1], episcopum[2] urbis in litore Asiae positae, miseros multum curavisse. Aliquando factum est, ut vir pauper consilium caperet peccando sibi pecuniam parare. Tanta inopia enim premebatur, ut tres filiae
5 viris nubere non possent, quia dotem necessariam, quae maritis dare deberent, non haberent. Nicolaus autem, cum haec cognovisset, familiae succurrere constituit. Tres noctes nummos[3] aureos in cubicula[4] filiarum iactabat. Eo fiebat, ut puellae a curis liberarentur. Quibus nunc licuit dotem
10 parare, viris nubere, flagitia a familia defendere.

[1]Nīcolāus *Nikolaus (im 4. Jh. Bischof von Myra, einer Stadt an der Westküste Kleinasiens)* – [2]episcopus *Bischof*
[3]nummus *Münze* – [4]cubiculum *Schlafzimmer*

Ambrogio Lorenzetti: Die Nächstenliebe des hl. Nikolaus. 1350. Paris, Musée du Louvre.

Aufgaben zu III.

1. In der vorliegenden Geschichte soll der Nikolaus die Goldstücke durchs Fenster geworfen haben. Welche Bräuche kennst du am Nikolausfest?

2. Setze ins Passiv:

a) *facit*		f) *facio*	
b) *faciebant*		g) *afficit*	
c) *facies*		h) *conficiunt*	
d) *fecit*		i) *perficiebat*	
e) *facere*		j) *conficere*	

3. Bilde die jeweils entsprechenden Formen des Aktivs:

a) *fiunt*		f) *fitis*	
b) *fieri*		g) *confecti sunt*	
c) *fiet*		h) *perficitur*	
d) *fias*		i) *interfecta esset*	
e) *fiebamus*		j) *affecti erant*	

4. Bestimme die Pronominalformen nach Kasus und Numerus und nenne jeweils den Nominativ Singular:

cui	hunc	me
nostris	quibus	quandam
aliquos	quorumque	quaecumque
isto	quidquid	eas
illi	quemquam	utriusque
vobis		ipsa

5. In dieser Übung findest du die bisher gelernten Adjektive der 3. Deklination im Akkusativ Singular. Bilde den Nominativ Singular, gib die Bedeutung an und sortiere nach der Anzahl der Genusendungen (ein-, zwei-, dreiendig):

acrem		maiorem	
brevem		memorem	
celerem		minorem	
constantem		mollem	
crudelem		mortalem	
diligentem		nobilem	
divitem		omnem	
dulcem		parem	
facilem		pauperem	
familiarem		potentem	
felicem		praestantem	

Wie viel ist ein Mensch wert?

→	fortem		priorem	
	frequentem		recentem	
	grandem		sapientem	
	gravem		simplicem	
	ignobilem		singularem	
	inanem		subtilem	
	incolumem		supplicem	
	incredibilem		talem	
	infelicem		tristem	
	ingentem		turpem	
	levem		utilem	
	libentem		veterem	

I. Aus dem Leben einiger Heiliger

Um die in der katholischen Kirche verehrten Heiligen ranken sich viele Legenden.
Aber auch historisch belegte Tatsachen sind uns bekannt. Hört einige davon in folgenden Sätzen:

Sanctus Felix, qui quanto studio homines curaverit scimus, miseris multa beneficia dedit. Quibus etiam pecuniam a patre tributam donavit.

Sanctus Clemens, qui quantopere animos Christianorum confirmaverit audivimus, libros confecit, in quibus conscripta sunt nomina eorum, qui propter religionem vexati sunt.

5 **Sanctus Bernhard,** qui quanta beatudine labores ad monasteria[1] condenda susceperit constat, numen dei pluris aestimavit quam vitam suam.

Sancta Katharina, quam pulcherrimam fuisse scriptores tradunt, patrona[2] sapientiae et doctrinae, imprimis ludi, appellatur. Imperatore Maximio regente vexata et interfecta est.

Sanctus Andreas, quem Iesum facie ad faciem conspexisse eumque consecutum esse legi-
10 mus, Nerone regente capitis damnatus in cruce transverso[3] mortuus est. Hoc signum hodie in viis collocatur.

Sanctus Benedictus, quem aliquamdiu in locum occultum se recepisse scimus, patronus Europae factus est. Qui praecepit: „Ora(te)
15 et labora(te)!"

[1] monastērium *Kloster*
[2] patrōnus/patrōna *Patron/Patronin*
[3] trānsversus *schräg*

Caravaggio: Die hl. Katharina von Alexandrien. 1598. Madrid, Sammlung Thyssen-Bornemisza.

Aufgaben zu I.

1. Auf Caravaggios Gemälde wird die hl. Katharina mit einem zerbrochenen Wagenrad dargestellt. Versuche mithilfe eines Lexikons oder des Internets herauszufinden, welche Legende hinter diesem Symbol steckt.

Verschränkte Relativsätze
Wiederholung: dare und Komposita – Präpositionen mit Akkusativ – Verben mit doppeltem Akkusativ – Indefinitpronomina – Adverbbildung

Ein Mönch auf Zeitreise

2. Der heilige Benedikt (480–547), der freiwillig seine Studien in Rom aufgegeben hat, verbrachte drei Jahre lang in einer unzugänglichen Höhle in strengster Weltabgeschiedenheit. Was kann euerer Meinung nach einen Menschen bewegen so zu leben?

3. Welches heute gültige Verkehrszeichen ist nach dem heiligen Andreas benannt?

4. Welche untergeordnete Konstruktion findet sich jeweils in den verschränkten Relativsätzen des Textes?

5. Übersetze die schon gelernten Wendungen mit *dare*:

a) *aures*

b) *crimini*

c) *fidem*

d) *in vincula*

e) *locum*

f) *operam*

g) *se*

h) *veniam*

i) *viam*

6. Wiederhole die „Verwandten" von *dare*:

a) *addere*

b) *condere*

c) *credere*

d) *dedere*

e) *edere*

f) *perdere*

g) *prodere*

h) *reddere*

i) *tradere*

j) *vendere*

7. Gib die Bedeutung folgender Präpositionen mit Akkusativ an:

ad	*adversus*	*ante*
....	....	....
apud	*contra*	*extra*
....	....	....
ob	*per*	*post*
....	....	....
praeter	*prope*	*propter*
....	....	....
sub	*super*	*supra*
....	....	....

Ein Mönch auf Zeitreise

8. Trage alle Verben zusammen, die sich mit doppeltem Akkusativ verbinden und bilde dann Sätze mit den vorgegebenen Vokabeln:

Claudia – Marcus – tu – vos – is – illa – amicus – imperator – iustus – cupidus – sceleratus

II. Das Mailänder Edikt

Am 13. Juni 313 n. Chr. richteten Kaiser Konstantin und sein Mitkaiser Licinius ein zur Veröffentlichung bestimmtes Schreiben an den Kanzleichef der asiatischen Provinz Bithynien, in dem den Christen Gleichberechtigung neben den Heiden garantiert wurde:

Cum et ego, Constantinus Augustus, et etiam ego, Licinius Augustus, ad Mediolanum¹ convenissemus, de universis, quae ad securitatem² publicam pertinere putamus, inter nos locuti sumus. Haec imprimis constituenda esse credidimus, ut daremus et Christianis et omnibus liberam facultatem sequendi eam religionem, quam quisque sibi idoneam esse
5 sentiret. Neque quemquam a fide Christiana avertemus. Quare omnium nostrum interest ea negare, quae in prioribus libris de Christianis scripta esse et quae a nostra sententia differre scimus. Nunc omnes, qui voluntati religionis Christianae pareant, libere et simpliciter ei pareant.

¹Mediōlānum *Mailand* – ²sēcūritās, ātis f *Sicherheit*

Darstellung eines Betenden. Die frühchristliche Wandmalerei in der Katakombe an der Via Anapo in Rom stammt aus der Mitte des 3. Jh.s, also aus der Zeit vor dem Mailänder Edikt.

Aufgaben zu II.

1. An welchen Stellen des Textes ist ganz konkret von Gleichberechtigung in Glaubensfragen die Rede?

Ein Mönch auf Zeitreise

2. Analysiere den ersten Satz des Textes, indem du mit verschiedenen Farben Haupt- und Nebensatzprädikate und die entsprechenden Nebensatzeinleitungen unterstreichst.

3. Du hast bereits acht Verben gelernt, die zum Wortfeld „meinen/glauben" gehören. Nenne möglichst viele. Hier hilft dir auch der Text.

	meinen/glauben	

4. Bestimme die Wortarten:

et (Z. 1)	*idoneam* (Z. 4)	*esse* (Z. 6)
de (Z. 2)	*nostrum* (Z. 5)	*nunc* (Z. 7)
ut (Z. 3)	*quae* (Z. 6)	*ei* (Z. 8)

5. Was versteht man unter einem Indefinitpronomen? Wie viele sind im Text enthalten? Trage alle dir bekannten zusammen und setze sie in den Dativ und Akkusativ Singular und in den Genitiv und Ablativ Plural.

6. Welche Formen liegen in *libere* und *simpliciter* vor? Erkläre die beiden Bildungsweisen und nenne für jede noch weitere vier Beispiele mit selbst gewählten Vokabeln.

I. Das Salomonische Urteil

In unserem Sprachgebrauch nennt man einen besonders klugen und gerechten Richterspruch oft ein „Salomonisches Urteil". Das geht auf eine im Alten Testament überlieferte Begebenheit zurück: Salomon, der König von Israel (961 – 931 v. Chr.) ist als Richter in einer schwierigen Sache gefordert.

Aliquando duae mulieres meretrices[1] ad regem venerunt, quarum altera dixit:
„Audi, domine: Ego et ista mulier habitabamus in eadem domo. Et peperi natum apud eam in cubiculo. Tertio autem die, postquam ego peperi, peperit etiam haec. Nocte autem accidit, ut filius mulieris huius mortuus sit, quia dormiens[2] eum oppressit. Ut se puerum
5 necavisse cognovit, me dormiente filium meum de latere meo abstulit et posuit in sinu suo. Cum surrexissem, ut darem cibum nato meo, apparuit eum esse mortuum; quem clara luce diligentius intuens cognovi illum non esse meum."
Altera autem mulier totam rem negans contendit illam verum non dicere filiumque suum vivere."
10 Rex ergo ministros suos sibi gladium afferre iussit. Cumque gladius allatus esset:
„Dividite", inquit, „puerum vivum in duas partes, et date cuique dimidiam[3] partem!"
Mulier autem, cuius filius erat vivus, simul vidit ferrum regis, dixit: „Obsecro, domine, ut detis illi puerum vivum; timeo, ne eum interficias." Contra altera dicebat: „Nec mihi nec tibi sit, sed dividatur!"
15 Respondit rex: „Date illi puerum; haec est enim vera mater eius!" Et omnes, qui aderant, timuerunt regem videntes sapientiam Dei esse in eo ad faciendum iudicium.

[1]mulier meretrīx *Dirne* – [2]dormīre *schlafen* – [3]dīmidius *halb*

Gustav Adolf Spangenberg: Das Urteil des Salomo. Fresko aus dem Zyklus „Die vier Fakultäten" im Treppenhaus der Universität Halle. 1885.

Gliedsätze (Zusammenfassung)
Wiederholung: Satzwertige Konstruktionen – Verben mit Akkusativ

Aufgaben zu I.

1. Versuche zu erklären, warum dieser grausam erscheinende Richterspruch als klug und gerecht gelten konnte.

2. Stelle die satzwertigen Konstruktionen (AcI, Participium coniunctum, Ablativus absolutus, Gerundiv) aus dem Text zusammen und bestimme ihre Satzgliedfunktion.

3. Ersetze die folgenden Partizipialkonstruktionen durch einen passenden Gliedsatz:

a) *dormiens* (Z. 4)

b) *quem clara luce diligentius intuens* (Z. 6 f.)

c) *regem videntes* (Z. 16)

4. Markiere die Gliedsätze des Textes und unterscheide sie nach Ihrer Funktion als Subjekt, Objekt und Adverbiale.

5. Als eine der Eigenheiten der biblischen Sprache gilt der häufige Einsatz von Pronomina. Markiere alle Pronomina des vorliegenden Textes und unterscheide sie nach den gelernten Gruppen (Personalpronomen, Possessivpronomen, Reflexivpronomen, Demonstrativpronomen, ...).

6. Wiederhole die Bedeutungen des Verbs *esse* und seiner bisher gelernten Komposita:

a) *esse*	
b) *adesse*	
c) *abesse*	
d) *deesse*	
e) *inesse*	
f) *interesse*	
g) *praeesse*	
h) *prodesse*	

II. Das Ideal der Freundschaft

Fabula quaedam prodita est, in qua demonstratur, quanta est amicitia. Aliquando accidit, ut Damon quidam, cum Dionysio tyranno insidias paraturus esset, a custodibus prehenderetur. Capitis damnatus virum crudelem obsecravit, ut ex urbe excedere sibi liceret, quod, priusquam occideretur, sororem cum marito coniungere vellet. „Dum rediero", inquit, „pro me amicum vadem[1] relinquam. Qui moriatur, nisi fidem servabo." Dionysius putans neminem tam bonum esse, ut, quamvis mortem effugere posset, sua sponte poenam subiret, adulescenti spatium trium dierum permisit.

Damon postquam nuptiis sororis interfuit, ad tyrannum rediit, quam celerrime potuit, ut amicum servaret. Et cum in itinere summo cum periculo labores ingentes susciperet, tamen mature[2] ad urbem pervenit amicoque libertatem reddidit. Tyrannus tanta amicitia commotus duobus viris fassus est: „Cognovi fidem inanem non esse. Utinam mihi contingat, ut in amicitiam vestram accipiar!"

[1] vas, vadis *m* Bürge – [2] mātūrē *Adv.* rechtzeitig

Aufgaben zu II.

1. Warum war Dionysius von dieser Freundschaft so beeindruckt?

2. Unterscheide:

a) *subicere – subigere – subire*

b) *pro – per – par*

c) *fronte – ponte – sponte*

d) *qua – qui – quo*

e) *prodesse – prodere – prodire*

Georg schafft das Unmögliche

3. Unterscheide die folgenden Gliedsätze des Textes nach Subjekt-, Objekt- und Adverbialsätzen. Gib von letzteren außerdem die Sinnrichtung an:

a) *accidit, ut Damon ... prehenderetur* (Z. 1-3)

b) *cum Dionysio ... paraturus esset* (Z. 2)

c) *obsecravit, ut ... sibi liceret* (Z. 3)

d) *Dum rediero* (Z. 4)

e) *nisi fidem servabo* (Z. 5)

f) *ut ... poenam subiret* (Z. 6)

g) *quamvis ... effugere posset* (Z. 6)

h) *postquam nuptiis ... interfuit* (Z. 8)

i) *contingat, ut ... accipiar* (Z. 11 f.)

4. Welche Form liegt in *celerrime* vor? Erkläre die Bildungsweise und nenne weitere vier Beispiele mit selbst gewählten Vokabeln.

5. Erkläre die Konjunktive *moriatur* (Z. 5) und *contingat* (Z. 11 f.).

6. Wiederhole die lateinischen Verben, die sich abweichend vom Deutschen mit Akkusativ verbinden:

adire	adiuvare	cavere
censere	consulere	curare
effugere	incedere	iubere
meminisse	praestare	providere
queri	sequi	suscipere
temperare	traducere	tueri

III. Hoher Besuch

Benedictus, quem papam[1] factum esse scitis, aliquando fratrem suum adhuc in patria viventem visere constituit. Dum post adventum curru vehitur per illam urbem, in qua frater habitat, a multis in colis cantibus pulchris magnisque vocibus salutatus est. Qui, quamquam multas horas civem pristinum exspectare debebant, non discesserunt,
5 donec virum praeclarum facie ad faciem vidissent. Nonnulli etiam conati sunt, si eum manibus contingerent. Alii liberos suos sustulerunt, ut papa eos bene precaretur[2]. Comites
10 delecti passibus celeribus currum papae semper secuti sunt, ut Benedictum custodirent et a periculis prohiberent.
Maximos labores homines sustinuer-
15 unt, cum multa nocte profecti campum amplum prope urbem situm peterent, ut missae[3] interessent. Ibi Benedictus Christianos hortatus est, ut in filium Dei crederent neque religio-
20 nis obliviscerentur.
Multis officiis publicis confectis papae concessum est unum diem cum fratre suo agere, ad sepulcrum[4] parentum orare, in domu sua amicos convenire.
25 Inter illos dies Benedictus in locis memoriae suae dignis versans semper tam laetus esse videbatur, ut etiam ii, qui religionem Christianam non sequerentur, eius conspectu commoverentur. Nonnulli eum miserum appellant, quia nescit,
30 an umquam in patriam redire possit.

Papst Benedikt XVI. spricht im Dom St. Peter zu Regensburg nach einer ökumenischen Vesper mit Sängern der Regensburger Domspatzen. September 2006.

[1]papa m *Papst* – [2]bene precārī *segnen* – [3]missa *Messe* – [4]sepulcrum *Grab*

Aufgaben zu III.

1. Woran ist konkret zu denken, wenn es heißt *ut Benedictum ... a periculis prohiberent* (Z. 12 f.)?

2. Sortiere die in Lektion 97 zusammengetragenen Subjunktionen nach den dir bekannten Sinnrichtungen:

temporal	kausal	kondizional	konsekutiv	final	konzessiv	adversativ

3. Familienalltag
Entscheide, welches Satzglied der *ut*-Satz hier vertritt (Subjekt/Objekt/Adverbiale):

a) *Mater liberis imperat, ut ad se veniant.*

b) *Mater liberos orat, ut se adiuvent:*

c) *„Vos", inquit, „in hortum mitto, ut fructus colligatis."*

d) *Interdum accidit, ut liberi tam acriter resistant, ut mater desperet.*

e) *Liberos reprehendit: „Per totam vitam parentes contendunt, ut liberis consulant. Proinde ne tam superbi fueritis, ut preces meas neglegatis!"*

Georg schafft das Unmögliche

4. Sprachenvielfalt

Für jede der hier aufgelisteten englischen, französischen, italienischen und spanischen Vokabeln findet sich das zugrunde liegende lateinische Wort im Wortschatz von Lektion 97. Nenne es und gib seine Bedeutung an. Entscheide außerdem, aus welcher/welchen der vier oben genannten Sprachen das Wort stammt.

	lat. Wort	Bedeutung	Sprache
a) âme			
b) produce			
c) accidente			
d) mal			
e) quotidiano			
f) day			
g) produire			
h) ferro			
i) vehicle			
j) mourir			
k) scélérat			
l) anima			
m) malo			
n) native			
o) veicolo			
p) sedare			
q) prendre			

5. Muss man den Gesetzen des Staates unbedingt gehorchen?

Kreon, der Tyrann von Theben, hat verboten, den Leichnam von Polyneikes, der im Kampf gegen seine Vaterstadt gefallen ist, zu bestatten. Antigone, die Schwester des Gefallenen, hat ihn trotzdem bestattet. Sie wird gefesselt vorgeführt.

CREON:	Quid oculos demittis¹? Faterisne illum a te terra tectum esse?
ANTIOGNE:	Fateor, non nego.
CREON:	Sciebasne me imperavisse, ne quis corpus viri, qui patriam prodidisset, sepeliret².
ANTIOGNE:	Sciebam. Apparet verba tua mihi nota fuisse.
5 CREON:	Tamen ausa es hanc legem neglegere!
ANTIOGNE:	Neque Iuppiter mihi hoc imperavit neque inferi. Equidem puto tuas leges non tantum valere, ut perpetuae leges deorum tollantur. Si mox tuo iussu supplicium de me sumetur, non matura morte perdar. Nam viva miserrima sum, mortua fratri dilecto propinqua ero.
10 CREON:	Nemini licet leges civitatis contemnere.
ANTIOGNE:	Nemo umquam verbis tyrannorum liberabitur ab officiis pietatis.
CREON:	Pium est leges a civitate statutas servare.
ANTIOGNE:	Numquam mihi persuadebis istas leges sanctiores esse quam ius inferorum.
CREON:	An contendis hostem patriae tibi amicum esse?
15 ANTIOGNE:	Mihi ille non est hostis, sed frater.
CREON:	Proinde conveni eum apud inferos! Abducite istam ad mortem!

¹dēmittere *(zu Boden) senken* – ²sepelīre *bestatten*

Wie sind die *dass*-Sätze in der deutschen Übersetzung im lateinischen Text zum Ausdruck gebracht? Markiere die Textpassagen und erkläre den Grund für die Wahl der jeweiligen Konstruktion.

Szenenbild aus der Tragödie „Antigone" des Sophokles. Inszenierung der Ruhrfestspiele Recklinghausen 1957 mit Werner Hinz (Kreon) und Käthe Gold (Antigone).

I. Brief eines Romreisenden

Aus Anlass seiner Dichterkrönung fuhr der italienische Dichter Francesco Petrarca im 14. Jh. n. Chr. nach Rom. Unter dem starken Eindruck dieser Reise schrieb er an Bischof Giovanni Colonna (Ioannes Columna) einen Brief:

Petrarca Ioanni Columnae salutem dicit!

Ab urbe Roma quid exspectet is, qui tam multa de montibus acceperit? Putabas me grande aliquid scripturum esse, cum Romam pervenissem. Ingens scribendi materia mihi in posterum[1] oblata est; nunc autem nihil est, quod incipere audeam, magna copia rerum
5 tantarum commotus.
Unum hoc tacere nolo: Solebas enim, memini, me a veniendo prohibere, ne ruinosae[2] urbis conspectu – opinioni meae ex libris captae non respondente – animum demitterem. Ego quoque tuis consiliis confidens, quamvis studio arderem, non invitus iter differebam, metuens, ne oculi id, quod ipse mihi animo finxissem, non viderent.
10 Sed desiderium Romae me ex itinere reversum iterum tenet. Maior fuit Roma, maioresque sunt reliquiae[3] quam rebar. Iam non orbem ab hac urbe rectum, sed tam sero rectum esse miror. Vale.

[1] in posterum *für später* – [2] ruīnōsus *baufällig, eingestürzt* – [3] reliquiae, ārum *Überreste*

Aufgaben zu I.

1. Warum hat der Bischof im Vorfeld von einer Romreise abgeraten?

2. Wie fällt Petrarcas Urteil aus? An welchen Textstellen wird dies deutlich?

3. Erkläre den letzten Satz mit eigenen Worten.

4. Ermittle die Semideponentien des Textes und gib ihre Stammformen an.

a)

b)

c)

d)

Semideponentien
Wiederholung: Perfektopräsentien – *cum* als Subjunktion – Präpositionen mit Ablativ

5. Bilde nun die Tempusreihen der folgenden Prädikate (Präsens → Imperfekt → evtl. Futur I → Perfekt → Plusquamperfekt):

a) *soles*

b) *audeant*

c) *confidit*

d) *revertamur*

e) *gaudetis*

f) *soleam*

g) *audet*

h) *confidas*

i) *revertor*

j) *gaudeamus*

Papst Gregor spricht ein Machtwort

6. Setze die Substantive in den vom Verb geforderten Kasus und übersetze:

a) *(amicus) confidere* ....

b) *(Roma) reverti* ....

c) *(res gestae) novisse* ....

d) *(hostis) odisse* ....

e) *(conspectus urbis) gaudere* ....

f) *(iter) meminisse* ....

7. Bestimme und übersetze:

a) *memini*		
b) *consuevisti*		
c) *cognovimus*		
d) *oderam*		
e) *noverunt*		
f) *meminerant*		
g) *consuevi*		
h) *odissemus*		
i) *cognoveris*		
j) *noveratis*		

8. Bilde zu den Formen des Präsensstamms die entsprechenden des Perfektstamms und umgekehrt. Übersetze dann:

a) *noscis*

b) *cognoveram*

c) *consuescebat*

d) *novimus*

e) *cognoscunt*

f) *consueverant*

II. Reiserätsel

Maxime gaudetis, cum ab officiis liberati otio vos dare potestis. Ne omiseritis occasionem iter faciendi in flumine, quod clarissimum esse dicitur. Qui navem ascendere audet, multa discit. Veteres terram donum
5 fluminis appellare solebant, quia illud flumen agros iterum atque iterum fluctibus tegebat, ut terra fructus bonos haberet. Adhuc incolae flumini confisi prope ripam frumentum serunt[1] et magna cum diligentia agros colunt.
10 Amici mei, qui in eam regionem proficisci audebant, se multum gavisos esse dicunt, cum monumenta ingentia viderent, quae sepulcra[2] eorum fuisse constet, quibus potestas regia esset. Viri docti diu non audebant silentium[3] sepulcrorum turbare, quae
15 testes putantur illius populi antiqui.

[1] serere, serō *säen*
[2] sepulcrum *Grab(mal)*
[3] silentium *Stille, Ruhe*

In dem Land, dessen Namen wir suchen, wurde das Krokodil als heiliges Tier verehrt. Auf diesem Wandrelief aus dem 1. Jh. v. Chr. siehst du eine Darstellung des Krokodilgottes Sobek.

Aufgaben zu II.

1. Welches Land wird euch hier als Reiseziel empfohlen? Auf welchem Fluss würdet ihr dann fahren? Wie heißen die Grabmäler, von denen im Text die Rede ist?

2. Erkläre die unterschiedliche Verwendung der Modi in den beiden *cum*-Sätzen. Welche Satzgliedfunktion haben beide Nebensätze? Trage alle weiteren Bedeutungen der Subjunktion zusammen.

3. Erkläre den Konjunktiv in *constet* (Z. 13) und *essent* (Z. 13).

4. Das im Text verwendete Wort *flumen* gehört zum Wortfeld „Gewässer". Suche weitere passende Vokabeln. Auch im Text selbst wirst du noch fündig.

5. Setze die folgenden Verbformen in die angegebenen Tempora:

a) *soleo* → Impf. Ind. → Perf. Ind. → Plusqpf. Ind.

b) *gaudes* → Impf. Ind. → Fut. I → Perf. Ind.

c) *audet* → Präs. Konj. → Impf. Konj. → Plusqpf. Konj.

d) *confidunt* → Impf. Konj. → Fut. I → Perf. Konj.

e) *revertimur* → Fut. I → Perf. Ind. → Plusqpf. Ind.

6. Für die lateinischen Wörter *potestas* und *potentia* hast du die Bedeutung „Macht" gelernt. Erläutere unter Berücksichtigung des hier vorliegenden Textes und des Lektionstextes die unterschiedliche Verwendungsweise beider Vokabeln.

III. Reisetipps

Ein moderner Tourist stellt vier Ziele vor, die es auf einer Reise entlang der türkischen Südküste anzusteuern lohnt:

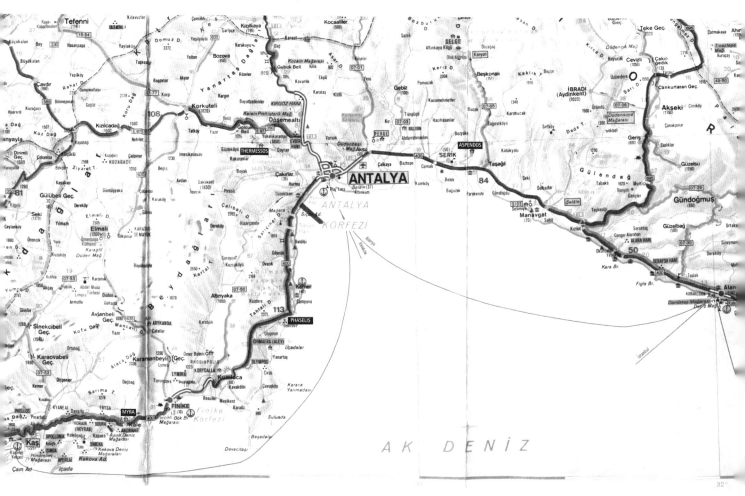

Das Theater von Aspendos. Visite illum monumentum grande, testis artis praeclarae Romanorum, quo pulchrius vix conspexi. Vespere incolae, cum fabulae aguntur, in theatrum venire solent, ut spectaculis[1] gaudeant.

5 **Die hoch gelegene Ruinenstadt Thermessos.** Ipse montem etiam nive[2] tectum ascendere ausus sum, ut muros reliquos urbis Romanae spectarem. Cavete, ne cadatis in cisternas[3] altas, quas prioribus temporibus aquam continuisse constat.

[1] spectāculum *Schauspiel* – [2] nix, nivis *f Schnee*
[3] cisterna *Zisterne*

10 **Die Basilika in Myra.** Natura nobis datum est, ut ea loca videntes, in quibus homines memoria dignos multum esse versatos accipimus, magis moveamur, quam si earum facta audiamus. Illa ecclesia enim Nicolaum[4], quem postea sanctum appellatum esse scitis, in cons-
15 pectu posuit. Scriptores tradunt eum episcopum[5] Myrae fuisse. A Romanis propter religionem captus et in carcerem iectus imperatore Constantino Myram reversus est.

[4]Nīcolāus *Nikolaus*
[5]episcopus *Bischof*

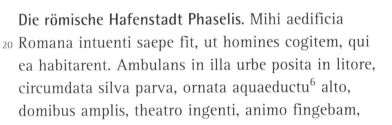

Die römische Hafenstadt Phaselis. Mihi aedificia
20 Romana intuenti saepe fit, ut homines cogitem, qui ea habitarent. Ambulans in illa urbe posita in litore, circumdata silva parva, ornata aquaeductu[6] alto, domibus amplis, theatro ingenti, animo fingebam, quomodo veteres hic vixerint. In portu antiquo sedens
25 commotusque conspectu regionis pulchrae constitui me rursus reversurum esse.

[6]aquaeductus, ūs *Aquädukt*

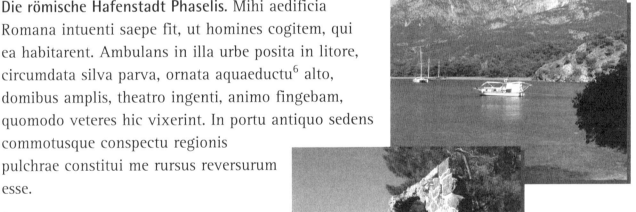

Aufgaben zu III.

1. *Quem locum peteres, si facultatem iter faciendi haberes?*

2. Setze in die Lücken der Verbformen den (oder die) jeweils möglichen Vokal (bzw. Vokale) und übersetze:

a) confid	t
b) confic	t
c) conic	t
d) condid	t
e) aud	
f) aux	t

3. Schuld war die schöne Helena!
Ersetze die unterstrichenen Prädikate durch passende Formen von *audere, gaudere, solere, confidere* und *reverti*. Übersetze dann die Sätze.

a) *Paris Helenam e Graecia rapere <u>conatus est</u>.* (..)

b) *Tum cum illa muliere Troiam <u>rediit</u>.* (..)

c) *Paris amore talis feminae captus <u>laetus fuit</u>.* (..)

d) *Sed Graeci iniuriam accipere non <u>consueverant</u>.* (..)

e) *Graeci ad Troiam pugnantes imprimis Achilli fidem habuerunt* (........................),

   qui adversarios in fugam vertere consuevit. (........................)

f) *Denique Graeci, quia post victoriam Helenam acceperant, laeti erant.*

   (........................)

4. Welche Verben sind mit diesen Substantiven verwandt? Gib ihre Bedeutung an:

a) *potentia*		
b) *monitum*		
c) *memoria*		
d) *imperator*		
e) *aedificium*		
f) *conspectus*		
g) *cupiditas*		
h) *dos*		
i) *victus*		
j) *praeceptor*		
k) *species*		
l) *facinus*		

5. Mit welchem Kasus verbindet sich das Adjektiv *dignus*? Welche anderen Adjektive kennst du, die einen bestimmten Kasus fordern?

6. Wir sammeln die Präpositionen mit Ablativ! Welche aus folgendem Merkspruch hast du nicht gelernt?

„*a, ab, e, ex* und *de/cum* und *sine, pro* und *prae*"

Gib bis auf diese Ausnahme ihre Bedeutungen an. Welche zwei Präpositionen fehlen, die unter anderem den Ablativ regieren?

7. Erkläre die Konjunktive *moveamur* (Z. 12), *habitarent* (Z. 21) und *vixerint* (Z. 24).

I. Der Delfin

Schon in früher Zeit hatten die Menschen Interesse daran, die am Himmel als Bilder zu erkennenden Sternkonstellationen in ihrer Entstehung zu erklären:

Haec fabula narrat de Arione[1] adulescente, qui cuidam animali magnam fidem habuit. Arion idoneus erat, qui omnes cantu praeclaro superaret. Itaque in Siciliam profectus est, ut certamini poetarum interesset. Gloria divitiisque paratis in patriam navigavit. Sed nautae, qui invidia permoverentur, eum ceperunt, ut
5 pecuniam eius raperent. Arion, cum se periturum esse cognovisset, viros sceleratos oravit: „Mihi, quaeso, parcite, donec iterum cecinero."
Nautae ridentes carmen canere ei permiserunt. Dum Arion canit, ventus et fluctus saevire desinebant,
10 aequor tranquillum erat. Carmine confecto poeta in mare praecipitavit[2]. Accessit autem subito delphinus, qui cantu suavi commotus onus rarum[3] tolleret iuvenemque incolumem ad ripam portaret. Illud animal a deis sidus factum est, quod nautis in periculis maris
15 saluti esset.

[1] Arīōn, onis m Arion (griechischer Dichter und Sänger)
[2] praecipitāre (sich) herabstürzen
[3] rārus selten

Die Rettung des Arion. Kupferstich nach einer Zeichnung von Abraham van Diepenbeeck. 1655. Paris, Privatsammlung.

Aufgaben zu I.

1. Welche Bedeutung hatte das Sternbild „Delfin" für die Seeleute? Informiere dich gegebenenfalls in einem Lexikon bzw. im Internet.

2. Bestimme den Nebensinn aller konjunktivischen Relativsätze.

Konjunktiv im Relativsatz
Wiederholung: Infinitivbildung – Verben mit Dativ – Participium coniunctum

Wie ist die Welt entstanden?

3. Welche Form liegt in *periturum esse* (Z. 5) vor? Bilde mit den drei neu gelernten Verben aus dem Wortschatz der Lektion 99 alle dir bekannten Infinitive.

4. Wiederhole alle Verben, die sich – meist abweichend vom Deutschen – fest mit dem Dativ verbinden:

a) *consulere*	
b) *imperare*	
c) *interesse*	
d) *irasci*	
e) *nubere*	
f) *parcere*	
g) *persuadere*	
h) *praeesse*	
i) *praestare*	
j) *providere*	
k) *temperare*	

In welchen Fällen ist auch eine Verbindung mit dem Akkusativ möglich?
Wie lauten dann die deutschen Bedeutungen?

5. Gedanken antiker Philosophen:

a) *Anaximenes et Diogenes aerem dixerunt rerum esse materiam, ex qua omnia fierent.*

b) *Epicurus atomos[1] inter se iungi opinatur, ut efficiantur ea, quae sint quaeque cernantur, omnia.*

c) *Animal nullum est praeter hominem, quod habeat dei aliquam notitiam[2].*

d) *Homini natura rationem dedit, qua regerentur cupiditates.*

e) *In multitudine philosophorum certe non invenientur (tales), qui in omnibus rebus eadem sentiant.*

[1] atomus *Atom* – [2] nōtitia *Kenntnis, Wissen*

II. Der Große Bär

Quis est, qui nesciat sidus clarum, quod iam veteres „Ursam Maiorem"[1] appellaverint. Numquam illud occidit, quia prope polum[2] est. Quomodo nomen huius sideris ortum est? Aliquando nympha[3], comes Dianae[4] deae, deā invitā Iovi se dedit et filium peperit. Dea autem nympham, cui irasceretur, necare conabatur. Sed puella a Iove in ursa conversa a
5 morte servata est. Post multos annos filium suum in illa regione venantem[5] visit et amore commota ei laeta occurrit. Filius autem ratus eam esse animal ferum arcum[6] tendebat, ut ursam interficeret, cum Iuppiter utrosque in sidera convertit inque caelo posuit. Ex illo tempore dua sidera spectamus: filium ursam petentem et matrem filium fugientem. Filius „Custos Ursae", mater „Ursa Maior" appellari solet.

[1]Ursa Māior *Großer Bär (eigtl.: Größere Bärin)* – [2]polus *Pol*
[3]nympha *Nymphe (Die Nymphen waren Töchter des Zeus; sie galten als Naturgottheiten.)*
[4]Diāna *Diana (römische Göttin der Jagd)*
[5]vēnārī *jagen* – [6]arcus, ūs *Bogen*

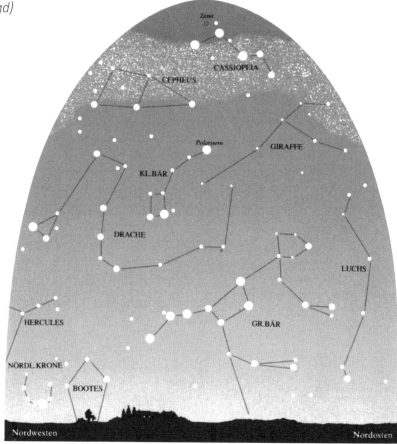

Der nördliche Sternenhimmel im November.

Aufgaben zu II.

1. Der Dichter Homer sagt vom „Großen Bären", er bade sich nie in den Fluten des Ozeans. Erkläre den Sinn dieser Worte.

2. Welche andere Bezeichnung für das Sternbild gibt es außerdem?

3. Markiere alle konjunktivischen Nebensätze und begründe die Verwendung des vorliegenden Modus.

4. Setze die fehlenden Relativpronomina ein und übersetze:

Cicero, _____ orator egregius putabatur,

_____ libri praeclari sunt,

_____ multi cives gratiam egerunt,

_____ multi laudaverunt,

a _____ hostis rei publicae victus est,

... vir vere Romanus fuit.

Wie ist die Welt entstanden?

5. Setze jeweils die richtige Form des Relativpronomens und dazu alternativ eine passende Subjunktion ein und übersetze dann:

a) *Dux legionem, ... / .... castra hostium oppugnaret, misit.*

....

....

b) *Hostium legati venerunt, ... / .... pacem peterent.*

....

....

c) *Cato, ... / .... Graecos contemneret, filium monuit, ne medicis¹ Graecis crederet.*

....

....

d) *Nonnulli Romani servos Graecos emebant, ... / .... liberos educarent.*

....

....

¹medicus *Arzt*

Wie ist die Welt entstanden?

6. Bestimme die Form *conversa* (Z. 4) und markiere weitere Formen dieser Art im Text. Zeige an jeder dann mindestens drei mögliche Übersetzungsvarianten für diese Konstruktion.

7. Bilde zu den in Klammern stehenden Infinitiven das vom Bezugswort geforderte Partizip Perfekt bzw. das Partizip Präsens und übersetze:

a) *Nympha¹ filium (desiderare) in sidus conversa est.*

b) *Discipuli a magistris bonis (docere) libros a poetis Romanis scriptos legunt.*

c) *Mulieres ornamentis ex auro (facere) multum gaudent.*

d) *Hospites monumentum magno cum studio (aedificare) mirantur.*

¹nympha *Nymphe*

I. Ist Reichtum für den Menschen wichtig?

Cum Nero imperator erat, multi, ut mos est hominum, studebant pecuniam facere, quod sibi magno usui esset. At Seneca philosophus amico cuidam consilium dat, ut divitias fugiat, philosophiae studeat, haec dicens:

„Mihi crede, consule, dum vivis, philosophiam, quae homines beatos reddat. Consilium
5 dabit tibi, ne cupidus sis pecuniae, quae mores perdat. Certe vis consequi, ne tibi inopia timenda sit. Sed fortasse[1] ea etiam appetenda sit. Multos ad philosophandum[2] impediverunt divitiae. Homo pauper a curis liber est. Pauper, quotiens bellum nuntiatum sit, scit non se in periculo esse; cum incendium ortum est, quaerit, quomodo domo exeat, non quid efferat. Pauperes, qui solum desiderio rerum necessariarum tenentur, contenti sunt.
10 Divites, quod, si divitias augere possint, conantur, curis perturbantur. Si vis comprehendere aliquid mente, aut te pauperem esse oportet aut pauperi similem. Noli
15 igitur dicere ista: 'Nondum habeo, quantum satis est; cum ad illam copiam pecuniae pervenero, tunc me philosophiae dabo.' At nihil prius parandum est quam hoc,
20 quod tu differs."

[1] fortāsse *vielleicht*
[2] philosphārī *philosophieren*

Büste des Seneca an der Fassade des Hauses, das einst dem berühmten Maler Peter Paul Rubens gehörte. Antwerpen. 17. Jh.

Aufgaben zu I.

1. Beschreibe mit eigenen Worten, inwiefern aus Senecas Sicht Reichtum der Philosophie hinderlich ist. Was zeichnet die Armen aus?

2. Erkläre den letzten Satz des Textes. In welcher Hinsicht trifft er auch für unser heutiges Leben zu? Gib ein konkretes Beispiel.

Obliquer Konjunktiv (2) – Verwendung der Kasus (Zusammenfassung)
Wiederholung: Pluralwörter – Komparativ – *ferre, mittere, ducere* und Komposita

3. Suche im Text Belegstellen für einen Genitivus obiectivus, einen Dativ des Zwecks, einen Dativus auctoris, einen doppelten Akkusativ und einen Ablativ der Trennung.

4. Bei welchen konjunktivischen Prädikaten kann man von einer „inneren Abhängigkeit" sprechen?

5. Welche Gründe kennst du für einen Konjunktiv im Nebensatz?
Für welche Fälle liefert der Text Beispiele?

6. Markiere die *nd*-Formen des Textes und unterscheide sie nach Gerundium und Gerundiv(um).

7. Gib die Bedeutungen für *mos* im Singular und Plural an. Welche anderen lateinischen Wörter haben ebenfalls je nach Numerus unterschiedliche Bedeutungen?

8. Wiederhole die Bedeutungen folgender Pluralwörter:

a) *arma*	
b) *bona*	
c) *castra*	
d) *divitiae*	
e) *inferi*	
f) *maiores*	
g) *moenia*	
h) *nuptiae*	
i) *posteri*	

II. Erlebnis Kreta:
Ein Ausflug zur „Leprainsel" Spinalonga

Utinam ii, qui Eloundam[1], urbem pulchram in ora Cretensi[2] sitam, conveniant, etiam Spinalongam insulam visere soleant! Locum videant, quem bene memoria teneant. Quo facilius intellegatis, quod sentiam, haec audite: Fuit tempus, cum civitas omnes homines quodam morbo[3] periculoso[4] affectos deligi iuberet, qui – quasi capitis damnati – in eam
5 insulam mitterentur. Mirum est, quod illi, quamvis scirent se mox supremum diem obituros esse, tamen aequo animo vitam paene cottidianam[5] agebant. Muri aedificiorum incolis et ludum et ecclesiam fuisse demonstrant. Interdum etiam evenit, ut matrimonia[6] coniungerentur. Nec umquam miseris facultas concedebatur propinquos videndi. Hoc solum eis solacio erat: Cum navis cibos portabat, fieri poterat, ut epistulis delectarentur.
10 Hodie ille „vicus mortuorum" ita desertus est, ut animi omnium domus relictas aspicientium moveantur.

[1]Elounda *Elounda (Ort an der kretischen Ostküste)* – [2]Crētensis, is *kretisch, von Kreta*
[3]morbus *Krankheit* – [4]perīculōsus *gefährlich* – [5]cottidiānus *alltäglich* – [6]mātrimōnium *Ehe*

Die Insel Spinalonga mit ihrer venezianischen Festung aus dem Jahre 1597. Die im lateinischen Text erwähnte Funktion hatte die Insel von 1903–1957.

90 100   Warum ging Sokrates ohne Furcht in den Tod?

Aufgaben zu II.

1. Warum werden die nach Spinalonga geschickten Menschen *capitis damnati* genannt? Stelle alle weiteren Attribute zusammen, mit denen die Kranken beschrieben werden.

2. Erkläre die Konjunktive aller Haupt- und Nebensätze im Text.

3. Gib die genaue Verwendungsweise folgender Kasus an:
incolis (Z. 7), *solacia* (Z. 9), *epistulis* (Z. 9)

4. Fülle die Lücken der folgenden Sätze, indem du aus den in Klammern angegebenen Wörtern die entsprechende Komparativform des Adjektivs oder des Adverbs bildest:

a) *Romani* _____ (fortis) hostibus *pugnabant*.

→

b) *Nemo* _____ *(pulcher) cecinit Orpheo.*

c) *Quae urbs Italiae* _____ *(pulcher) est Roma?*

d) *Vergilius* _____ *(clarus) est aliis poetis Romanis.*

Welcher Kasus liegt in den jeweils markierten Wörtern oder Wendungen vor?

5. Wiederhole die Bedeutungen des Verbs *ferre* und seiner Komposita. Gib jeweils auch Stammformen an:

a) *ferre*

b) *afferre*

c) *auferre*

d) *deferre*

e) *efferre*

f) *inferre*

g) *offerre*

h) *perferre*

i) *proferre*

j) *refferre*

6. Im Folgenden sind die Präpositionen angegeben, die als Suffixe zum Verb *mittere* treten. Wie lauten die Komposita? Gib die deutsche Bedeutung und die Stammformen an:

a) *a/ab*	
b) *ad*	
c) *cum*	
d) *de*	
e) *ob*	
f) *per*	
g) *pro*	

Welches Kompositum von *mittere* blieb unberücksichtigt?

III. Gute Arbeit

Der Kirchenvater Augustinus (um 400 n. Chr.) berichtet, wie er Alypius, einen seiner Schüler, vom „Wahnsinn der Spiele" *(insania ludorum)* abbringen konnte:

Quodam die, cum discipuli adessent, putavi reprehendendos esse eos, quos insania ludorum cepisset. Alypius gratias maximas egit, quod se quoque monuissem. Postea accidit, ut ille, qui vehementer resisteret, ab amicis in amphitheatrum duceretur. Ibi se absentem[1] adesse Alypius dixit, quod animum suum vertere non posset in talia
5 spectacula[2].

[1] absēns, absentis *abwesend* – [2] spectāculum *Schauspiel*

Aufgaben zu III.

1. Erkläre mit eigenen Worten, wie Alypius von sich sagen kann *se absentem adesse*.

2. Erkläre die Konjunktive in den Gliedsätzen und Relativsätzen.

3. Wer die Wahl hat ...
Markiere jeweils diejenige der drei angegebenen Verbformen, die in einem korrekten lateinischen Text zu erwarten ist:

a) *Saepe fit, ut homines iter ...*

| faciunt | faciant | facerent |

b) *Puer patrem orabat, ne se ...*

| reprehendat | reprehenderet | reprehenderit |

c) *Timebam, ne miser ...*

| sis | esses | fueris |

Warum ging Sokrates ohne Furcht in den Tod?

d) *Scire velim, cur tantum frumenti ...*

| emeres | emeris | emisses |

e) *Tibi gratias egi, quod mihi auxilio ...*

| venias | venires | venisses |

4. Die Ablative der Zeit sind von ihren übrigen Satzteilen getrennt worden. Füge sie wieder sinnvoll zusammen und übersetze:

a) *Septima hora*

b) *Certis annis*

c) *Aetate imperatoris Augusti*

d) *Decimo anno*

e) *Tempore Neronis*

f) *Antiquis temporibus*

g) *Roma magno incendio deleta est.*

h) *cum amicis in horto sedeo.*

i) *Romani ipsi agros colebant.*

j) *Troia a Graecis tandem capta est.*

k) *Iesus Christus natus est.*

l) *Ludi in urbe Olympia dabantur.*

5. Wiederhole die Bedeutungen des Verbs *ducere* und seiner Komposita:

a) *ducere*	
b) *adducere*	
c) *conducere*	
d) *deducere*	
e) *inducere*	
f) *producere*	
g) *traducere*	

6. Nenne jeweils mindestens ein von folgenden lateinischen Wörtern abzuleitendes Fremdwort:

a) *rarus*		f) *negare*	
b) *migratio*		g) *ops*	
c) *materia*		h) *deficere*	
d) *producere*		i) *subicere*	
e) *sedare*		j) *universi*	

I. Willst du satt sein oder frei?

Lupus[1] canem convenit:

LUPUS: Unde tam pinguis[2] es, amice? Venter tuus plenus esse videtur. Ego vero timeo, ne brevi tempore perear.

CANIS: Tam bene vivere poteris quam ego, si summo labore niteris, ut domino tuo par officium praestes.

LUPUS: Quod officium?

CANIS: Dominus mihi cottidie imperat, ut domum a furibus servem.

LUPUS: Libenter fures pellere volo, ne in silvis ventis et tempestatibus premar.

CANIS: Vitam miseram agere videris. Iucundius est sub tecto vivere.

LUPUS: At cur collum tuum est violatum?

CANIS: Nihil est.

LUPUS: Dic mihi, quaeso!

CANIS: Interdum vincula collum cingunt et ligor, ne ultroque citroque currendo vires nimis consumam. Ruri enim canes domum custodire iubentur. An metuis, ne hoc sit difficile? Incommoda[3] facile tolerabis, si venter cibis completus erit.

LUPUS: Certe tibi licet discedere, cum libet?

CANIS: Non vero ...

LUPUS: Proinde vive tu isto modo, ego in silvis manebo. Nihil enim mihi suavius esse videtur quam libertas.

[1] lupus Wolf – [2] pinguis, e *fett, wohlgenährt* – [3] incommodum *Nachteil*

Aufgaben zu I.

1. Beschreibe kurz die Vor- und Nachteile der im Text thematisierten Lebensweisen. Wo siehst du Parallelen zum menschlichen Leben?

NcI

Wiederholung: ut- und ne-Sätze – Genitiv – Substantive der u-Deklination – ire und Komposita

2 Beschreibe den Stil des Textes (Satzbau und Satzlänge) und begründe ihn mit Blick auf die vorliegende Kommunikationssituation.

3 Suche jeweils mehrere passende Übersetzungen für die NcI-Konstruktion:

a) *Vita canis iucunda esse videtur.*

Es scheint, dass das Leben des Hundes fröhlich ist. ✓

Das Leben des Hundes scheint fröhlich zu sein. ✓

b) *Lupus ventos et tempestates in silvis sustinere cogitur.*

Man denkt, dass der Wolf der Winder und Unwetter im Wald standhalten muss ✓

c) *Haec fabula liberis saepe narrata esse dicitur.*

Man sagt, dass diese Geschichte oft den Kindern erzählt worden ist.

4 Trage die Bedeutungen der Subjunktionen *ut* und *ne* zusammen.

ut: damit, sodass

ne: dass nicht, dass

101 Was braucht der Mensch zum Leben?

5. Beschreibe die Satzgliedfunktion der im Text zu findenden *ut-* und *ne-*Sätze und gib im Falle einer adverbialen Verwendung die entsprechende Sinnrichtung an.

....

....

....

6. Finde lateinische Synonyme zu folgenden Wörtern aus dem Text:

tolerare	*suavis*
timere	*niti*	*perire*
pellere	*proinde*	

II. Eine philosophische Tischgesellschaft

Philosophus praeclarus amicos ad convivium hoc modo convocavisse traditur:
Numerus hospitum numquam tantus erat, ut numerum Musarum[1] superaret, numquam tam parvus, ut numerus Gratiarum[2] superaretur. Quot igitur hospites ille philosophus convocabat, ut secum cenarent?

[1] Mūsae, ārum *f Pl.* die Musen (Göttinnen des Gesanges und der Künste und Wissenschaften)
[2] Grātiae, ārum *f Pl.* die Grazien (Göttinnen der Anmut)

Aufgaben zu II.

1. Informiere dich in einem Lexikon bzw. im Internet über die Begriffe Musen und Grazien.

2. Stelle fest, in welchen Sätzen AcI bzw. NcI steht, und übersetze:

a) *Sepulcrum¹ Archimedis a Cicerone inventum esse dicitur.*

b) *Verba quaedam in illo monumento scripta esse traditum est.*

c) *Quae dicebant in summo sepulcro¹ sphaeram² esse positam.*

d) *Cicero se haec verba meminisse dicit.*

e) *Qui, cum omnia sepulcra¹ ante portas urbis sita conspiceret, animadvertit columnam³ parvam, in qua sphaerae figura inesse videbatur.*

¹sepulcrum *Grabmal* – ²sphaera *Kugel* – ³columna *Säule*

→ f) *Cicero verba sibi nota legens se monumentum invenisse cognovit.*

3. Finde Gegensätze zu folgenden lateinischen Wörtern bzw. Wortverbindungen aus dem Text:

parvus	*tam parvus*

praeclarus

amicus	*superare*

Bilde weitere Beispielpaare aus dir schon bekannten Wörtern.

4. Gib die Bedeutungen und Wortarten der folgenden Vokabeln an:

a) *numquam*	
b) *ne*	
c) *neque*	
d) *nemo*	
e) *nisi*	
f) *nondum*	
g) *nonne*	
h) *nonnulli*	

Was haben alle Wörter gemeinsam?

....

5. Setze die in Klammern stehenden Wörter in den Genitiv und übersetze. Welche Genitive liegen jeweils vor?

a) *Multi homines .... (gloria) cupidi sunt.*

b) *Quis .... (vos) nobiscum ambulat?*

c) *Nonnulli .... (nos) vitam miseram agunt.*

d) .... (Senator) est rem publicam novisse.

e) Metus .... (bellum) semper magnus est.

f) Magnam copiam .... (frumentum) emi.

g) Haec domus .... (pater) est.

III. Die wahren Reichtümer

Aristippus philosophus nave fracta ad insulae litus delatus erat. Ibi cum geometrias figuras[1] in saxo scriptas animadvertisset, comitibus ita clamavisse dicitur: „Bene speremus, hominum enim vestigia video! Ne sitis metus pleni!" Statimque in oppidum contendit et recta via in gymnasium[2] pervenit. Ibi Aristippus adulescentes philosophiam docuisse et tantis muneribus donatus esse traditur, ut non solum se ornaret, sed etiam aliis et vestes et victum tribuere posset. Cum autem comites in patriam redire vellent, eum interrogaverunt, quid domum referrent. Tunc mandavit, ut ita dicerent: „Ea bona liberis parari oportet, quae etiam ventis undisque deleri non possunt. Nam ea vera sunt praesidia[3] vitae, quibus neque fortunae tempestas iniqua neque belli pericula nocere possunt."

[1] geōmetricae figūrae *geometrische Figuren* – [2] gymnasium *Gymnasium (öffentlicher Sportplatz oder Schule für körperliche Übungen, später auch Mittelpunkt des geistigen Lebens)*
[3] praesidium *hier: Schutz(mittel)*

Aufgaben zu III.

1. Beantworte auf Deutsch folgende lateinische Fragen:

a) *Cur Aristippus in rebus adversis de salute non desperavit?*

b) *Quid philosophiam docens effecit?*

c) *Quae bona liberis sunt petenda?*

2. Erkläre den Konunktiv in *speremus* (Z. 2) und *referrent* (Z. 7).

3. Gib die von dir gelernten Bedeutungen für *contendere* an. Welche ist in den folgenden Sätzen jeweils zu wählen?

a) *Nautae contendunt, ut mare transeant.*

b) *Vos interrogamus, quo contendatis.*

c) *Aristippus divitias mente parari contendisse dicitur.*

d) *Milites dolo contendere iubentur.*

4. Wandle folgende Aussagen in einen NcI um nach dem angegebenen Beispiel:

   Aristippus ad litus delatus est. → *Aristippus ad litus delatus esse dicitur.*

   a) *Nautae hominum vestigia viderunt.*

   b) *Homines a philosopho docti sunt.*

   c) *Aristippus viris vestes tribuit.*

5. Bestimme den Kasus von *metus* (Z. 3). Welcher Deklinationsklasse gehört das Substantiv an? Ersetze die Formen von *timor* durch die entsprechenden von *metus*:

timor	timores	timori
timoribus	timorum	timorem

6. Dekliniere parallel:

fluctus et flumen   sumptus et pecunia   portus et navis

oculus et figura et pes   lingua et umerus et tergum

et cor et manus   et venter et sensus

7. Wiederhole die Bedeutung des Verbs *ire* und seiner Komposita:

a) *ire*

b) *abire*

c) *adire*

d) *exire*

e) *inire*

f) *obire*

g) *perire*

h) *redire*

Vom Lastesel zum Philosophen

Die folgende Anekdote erzählt davon, wie der Philosoph *Protagoras* (Gen. *Protagorae*) zur Philosophie kam. Ursprünglich verdiente er sein Geld als Lastträger; dabei begegnete ihm eines Tages der bekannte Philosoph *Demokrit* (vgl. L 99).

I.

Protagoras adulescens victus quaerendi causa vecturas[1] onerum corpore suo fecisse dicitur. Is de rure in oppidum Abdera[2], cuius civis fuit, caudices[3] plurimos uno vinculo brevi ligatos portabat. Tum forte Democritus, civitatis eiusdem civis et homo ante alios virtutis et philosophiae causa colendus, vidit eum cum illo genere oneris facile atque expedite[4]
5 incedere. Prope accessit et iuncturam[5] caudicum perite factam consideravit; tum oravit: „Ne praeterieris! Paulum quiescas!"

[1]vectūra *Transport* – [2]Abdera, -ōrum *Abdera (Stadt in Nordgriechenland)*
[3]caudex, -cis *m Baumstamm, Holzklotz* – [4]expedītē *geschwind* – [5]iūnctūra *Verbindung*

Aufgaben zu I.

1. Wie musst du übersetzen, wenn statt *dicitur* (Z. 1) eines der folgenden Verben im Satz steht? *putatur – videtur – traditur – proditur*

2. Ersetze das Wort *causa* (Z. 1) durch die Präposition *propter*. Welche Auswirkung hat das auf den davon abhängigen Ausdruck *victus quaerendi*?

3. Bestimme das Satzglied *adulescens* (Z. 1).

Konjunktiv im Hauptsatz
Wiederholung: AcI – NcI – Ablativus absolutus – Gerundium

4. Unterstreiche im Satz Z. 2 f. die geschlossene Wortstellung und überlege, ob das PPP attributiv oder adverbial gebraucht ist.

5. Wo findet sich eine weitere geschlossene Wortstellung?

6. Bestimme die nd-Form *colendus* (Z. 4).

7. Wo findet sich ein AcI? Nenne weitere Verben, die den AcI nach sich ziehen.

8. Bestimme die Verwendungsweise des Konjunktivs bei *praeterieris* und *quiescas* (Z. 6).

II.

Quod ubi Protagoras, ut erat petitum, fecit, Democritus animadvertit acervum[1] illum brevi vinculo ligatum ratione quadam geometrica[2] contineri. Secum cogitavit: „Quis eos caudices ita composuerit?" Cum autem Protagoras caudices a se compositos esse dixisset, Democritus desideravit, ut acervum solveret ac iterum eodem modo collocaret. Caudicibus
5 ab illo solutis ac similiter compositis Democritus animi aciem[3] Protagorae miratus: „Mi *(Vok.)* adulescens", inquit, „cum ingenium bene faciendi habeas, sunt maiora melioraque, quae mecum facere possis." Abduxit eum statim secumque habuit suo sumptu et eum philosophiam docuit et tantum eum fecit, quantus postea fuit. Protagoras, nisi Democritum forte convenisset, certe per totam vitam baiulus[4] laborare debuisset.

[1] acervus *Haufen* – [2] geōmetricus, a, um *mathematisch, geometrisch*
[3] animī aciēs *Geistesschärfe, scharfer Verstand* – [4] bāiulus *Lastträger*

Von Fleischverzicht und Seelenwanderung

Aufgaben zu II.

1. Wie wird das Relativpronomen *quod* (Z. 1) verwendet? Welches Satzglied vertritt *quod* im Gliedsatz?

2. Welche Konstruktion zieht *animadvertit* (Z. 1) nach sich? Unterstreiche darin die geschlossene Wortstellung.

3. Überlege, welche Bedeutung von *ratio* (vgl. Z. 2) du hier benötigst. Wie fragt man dieses Satzglied ab?

4. Wo findet sich ein Ablativus absolutus? Übersetze mit Unter- und Beiordnung.

Unterordnung:

Beiordnung:

5. Welchen adverbialen Gliedsatz leitet *cum* (Z. 6) ein?

6. Benenne die nd-Form *faciendi* (Z. 6).

7. Bilde Positiv und Superlativ zu *maiora* und *meliora* (Z. 6).

8. Begründe den Konjunktiv *possis* (Z. 7).

9. Welche anderen Verben werden wie *facere* (vgl. Z. 8) mit dem doppelten Akkusativ konstruiert? Unterstreiche sie und übersetze alle.

comparare – ducere – deferre – appellare – contendere – nominare – intueri – putare – evenire – dicere – exstinguere – ignoscere – vocare – reddere – decipere

Übersetzungsübung zum Ablativus absolutus

Übersetze im Folgenden die Ablativi absoluti jeweils mit Unterordnung, Beiordnung und Präpositionalausdruck.

1. *Onere a Protagora deposito Democritus iuncturam caudicum* (vgl. I) *exploravit.*

Unterordnung: ....

Beiordnung: ....

Präpositionalausdruck: ....

2. *Democrito iuncturam caudicum explorante Protagoras paulum quievit.*

Unterordnung: ....

Beiordnung: ....

Präpositionalausdruck: ....

I.
De Euclida[1] philosopho, cuius exemplo Taurus[2] philosophus adulescentes ad philosophiam sequendam hortari solitus est

Taurus philosophus, cum adulescentes multis
5 exemplis bonis ad philosophiam sequendam hortabatur, animos iuvenum ista re accendit, quam Euclidem fecisse dicebat:

[1]Euclīdēs, -is (*Abl.* Euclīdā): *Euklid (griech. Philosoph)*
[2]Taurus: *Taurus (griech. Philosoph)*

Euklid als Sinnbild der Geometrie. Reliefplatte vom Campanile des Doms in Florenz. Um 1340. Florenz, Museo dell'Opera del Duomo.

Aufgaben zu I.

1. Finde zwei Deponentien und ein Semideponens in der Überschrift (Z. 1–3). Wiederhole in 98 F die Semideponentia und schreibe aus dem Gedächtnis deren Stammformen auf ein gesondertes Blatt.

2. Überlege, welche Bedeutung *cum* (Z. 4) hat.

3. Benenne die nd-Form *sequendam* (Z. 5).

4. Überlege dir eine treffende deutsche Übersetzung für *res* (Z. 6).

Satzanalyse
Wiederholung: Participium coniunctum – Gerundiv

5. Mit welcher Konstruktion ist der Relativsatz in Z. 7 verschränkt? Nimm noch einmal 96 S zur Hand und spiele die verschiedenen Übersetzungsmöglichkeiten durch.

II.

„Lege quadam Athenienses poposcerant, ut, qui Megaris¹ civis esset, capitis damnaretur, si pedem intulisse Athenas comprehensus esset. Tanto odio finitimorum Athenienses ardebant. Itaque Euclides, qui civis Megaris erat qui-que² ante id decretum³ et esse Athenis et audire Socratem consueverat, nocte ineunte veste longa mulieris indutus e domo sua
5 Athenas ad Socratem ibat, ut eo quidem tempore consilia sermonesque eius audiret, rursusque sub lucem⁴ milia passuum viginti eadem veste tectus redibat.

¹Megaris *in Megara (griech. Stadt, westlich von Athen)* – ²quī-que ~ et quī
³dēcrētum *Verordnung, Beschluss* – ⁴sub lūcem *vor Tagesanbruch*

Aufgaben zu II.

1. Begründe den Konjunktiv *esset* (Z. 1).

2. Bestimme den Genitiv *finitimorum* (Z. 2).

103 Freundschaft über den Tod hinaus

3. Fertige für den Satz in Z. 1f. ein Satzbauschema nach dem Muster von L 103, Üa, an.

Hauptsatz	NS I	NS II

4. Übersetze den Ablativus absolutus *nocte ineunte* (Z. 4) mit Präpositionalausdruck und Adverbialsatz.

5. Wie fragt man nach dem Ablativ *veste longa* (Z. 4)?

6. Welcher *ut*-Satz liegt in Z. 5 vor?

7. Wie fragt man das Satzglied *eo quidem tempore* (Z. 5) ab? Welche Bedeutung von *quidem* passt hier am besten?

8. Fertige für den Satz in Z. 3–6 ein Satzbauschema nach dem Muster von L 103, Üa, an.

Hauptsatz	NS I

9. Wie hieße es im Lateinischen, wenn Euklid 30, 50 oder 100 Meilen hätte wandern müssen?

III.

At nunc videre possum philosophos ultro currere ad domos aliquorum iuvenum divitum, ut eos doceant, ibique sedere atque manere usque ad meridiem[1], donec discipuli nocturnum omne vinum edormiant[2]."

[1] merīdiēs, -eī *Mittag* – [2] ēdormīre *herausschlafen*

Aufgabe zu III.

Fertige zu diesem Satz ein Satzbauschema nach dem Muster von L 103, Üa, an.

Hauptsatz	NS I

Abbildungsnachweis

4: akg-images | **7:** The Bridgeman Art Library, London | **9:** akg-images / Tristan Lafranchis | **19:** picture-alliance / dpa / Keystone Antonio Mari | **22:** Scala, Antella | **26:** akg-images | **39:** Scala, Antella | **41:** Ullstein bild – histopics | **46:** akg-images / Jürgen Raible | **47:** akg-images / Erich Lessing | **51:** akg-images / Nimatallah | **55:** akg-images / Pirozzi | **58:** akg-images / Schütze / Rodemann | **64:** picture alliance / dpa / Bernd Weißbrod | **67:** picture-alliance / dpa | **71:** akg-images / Gérard Degeorge (Kom Ombo / Oberägypten) | **75d:** Ullstein / imagebroker / Bahnmüller | **79:** akg-images | **82:** Franckh Kosmos Verlag, Stuttgart | **86:** Scala, Antella | Verlagsarchiv | **110:** akg-images / Orsi Battaglini.